でる順パス単
書き覚えノート

文部科学省後援
英検3級

旺文社

はじめに

「単語がなかなか覚えられない」「単語集を何度見てもすぐに忘れてしまう」という声をよく聞きます。英検の対策をする上で，単語学習はとても重要です。しかし，どうやって単語学習を進めればいいのか，自分のやり方が正しいのか自信がない，という悩みをかかえている人も多くいると思います。『英検３級 でる順パス単 書き覚えノート』は，そういった学習の悩みから生まれた「書いて覚える」単語学習のサポート教材です。

本書の特長は，以下の３つになります。

1. 「書いて（発音しながら）覚える」方法で効果的に記憶できる
2. 日本語（意味）から英語に発想する力を養うことができる
3. 「復習テスト」で単熟語を覚えているかどうか自分で確認することができる

単熟語を実際に書き込んで手を動かす作業は，記憶に残すためにとても効果的な方法です。ただ単語集を覚えてそのままにしておくのではなく，本書に沿って継続的に単語学習を進めていきましょう。「書いて」→「復習して」→「定着する」というステップを通して確実に記憶の定着につなげることができるでしょう。

本書とセットで使うと効果的な書籍のご紹介

本書に収録されている内容は，単語集『英検３級 でる順パス単』（本体 1,100 円＋税：無料音声ダウンロードサービス付）に基づいています。単語集には，単語の意味のほかに同意語や用例なども含まれており，単語のイメージや使われ方を確認しながら覚えることができます。

もくじ

編集：藏谷知江
イラスト：三木謙次
編集協力：株式会社交学社・株式会社鷗来堂
装丁デザイン：及川真咲デザイン事務所（浅海新菜）
本文デザイン：伊藤幸恵
組版協力：幸和印刷株式会社

本書の構成

単語編

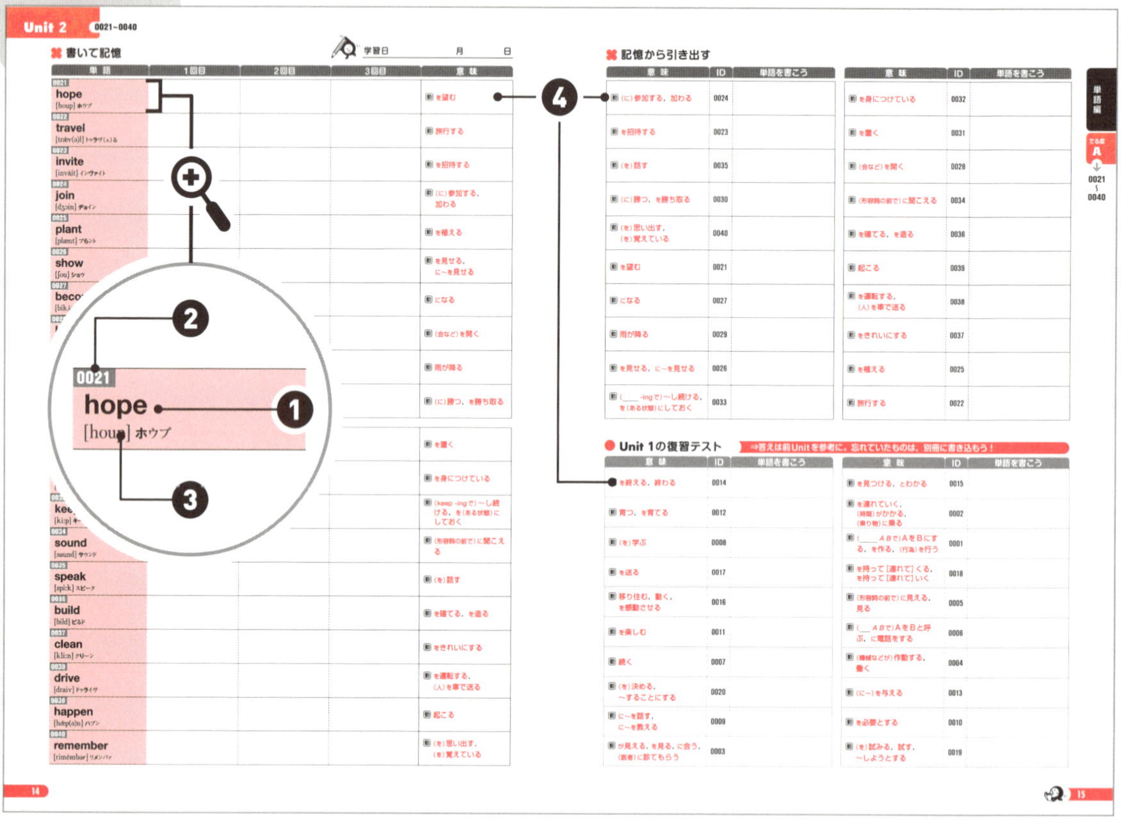

❶ 見出し語

『英検３級 でる順パス単』に掲載されている単語です。

❷ 見出し語番号

見出し語には単語編・熟語編を通して１～1300の番号が振られています。『英検３級 でる順パス単』の見出し語番号に対応しています。

❸ 発音記号

発音記号は原則として『マイスタディ英和辞典』（旺文社）に準拠しており，主に米音を採用しています。

❹ 意味

見出し語の意味は原則として『英検３級 でる順パス単』に準じて掲載しています。ただし，同意語や用例などは掲載しないなど，一部変更しています。

1 Unit が単語，熟語ともに 20 ずつ区切られており，これが 1 回分の学習の目安となります。

本書の利用法については p.6 以降を参照してください。

熟語編

Unit 47 0921~0940

書いて記憶　　学習日　月　日

熟語	1回目	2回目	意味
0921 at last			ついに
0922 at school			学校で
0923 at the end of ～			～の終わりに，～の突き当たりに
0924 be able to *do*			～することができる
0925 be absent from ～			～を休んでいる
0926 be born			生まれる
0927 be covered with ～			～でおおわれている
0928 be different from ～			～と違う
0929 be famous for ～			～で有名である
0930 be full of ～			～でいっぱいである
0931 be glad to *do*			～してうれしい
0932 be good at ～			～がじょうず［得意］である
0933 be in a hurry			急いで［あわてて］いる
0934 be in trouble			困っている
0935 be interested in ～			～に興味がある
0936 be late for ～			～に遅れる
0937 be out			外出している
0938 be proud of ～			～を誇りに思っている
0939 be ready for ～			～の準備ができている
0940 be ready to *do*			～する準備ができている

4

110

Unit 46の復習テスト　⇒忘れていた熟語は，別冊に書き込もう！

5

ID	訳文に合う英文になるように空欄に熟語を書こう
0915	We will (　　) (　　) Chicago before noon. ▶ 正午までにはシカゴに着くでしょう。
0916	I'll get there (　　) soon (　　) I (　　). ▶ できるだけ早くそちらに参ります。
0913	That singer is known (　　) (　　) (　　) (　　). ▶ その歌手は世界中で知られています。
0920	(　　) (　　) I didn't like math, but now it's my favorite subject. ▶ 最初，私は数学が好きではありませんでしたが，今では大好きな教科です。
0918	We won't be able to finish the work today. Let's (　　) (　　) help. ▶ 今日中にこの仕事を終えられそうにありませんね。助けを求めましょう。
0914	Do you want me to do (　　) (　　), Grandma? ▶ おばあちゃん，ほかに何か私にしてもらいたいことある？
0912	If you don't (　　) (　　) me, please say so. ▶ 私に同意しないのなら，どうかそう言ってください。
0903	This sweater is (　　) (　　) (　　) big for me. ▶ このセーターは私には少し大きすぎます。
0907	Would you like (　　) (　　) (　　) cake? ▶ ケーキを 1 切れいかがですか。
0909	He put (　　) (　　) (　　) lemon into his tea. ▶ 彼はレモンを 1 切れ紅茶に入れました。
0905	I have (　　) (　　) (　　) things to do today. ▶ 今日はすることがたくさんあります。
0910	(　　) (　　) (　　), it started to rain. ▶ しばらくして，雨が降り始めました。
0904	He helped me (　　) (　　) when I stayed in the U.S. ▶ 彼は私がアメリカに滞在したときにずいぶん助けてくれました。
0911	I usually go straight home (　　) (　　). ▶ 私は，放課後はたいていまっすぐ帰宅します。
0902	Can I have (　　) (　　) (　　) milk? ▶ 牛乳をコップ 1 杯もらえますか。
0901	I saw him at the library (　　) (　　) minutes ago. ▶ 私は 2，3 分前に，彼を図書館で見かけました。
0917	(　　) (　　), Kate's father took a bath before dinner. ▶ いつものように，ケイトの父親は夕食の前に入浴しました。
0906	I want to buy (　　) (　　) (　　) shoes for my school trip. ▶ 私は遠足用の靴を 1 足買いたいです。
0908	She drew a picture on (　　) (　　) (　　) paper. ▶ 彼女は 1 枚の紙に絵を描きました。
0919	I (　　) Tony (　　) (　　) something to drink. ▶ 私はトニーに何か飲み物を持ってくるように頼みました。

熟語編　でる度 A　0921～0940

Unit 46の復習テスト解答　0915 arrive in　0916 as, a … over the world　0920 At first　0918 ask for　0914 anything else　0912 agree with　0903 a little too　0907 a piece of　0909 a s… t of　0910 After a while　0904 a lot　0911 after school　0902 a glass of　0901 a few　0917 As usual　0906 a pair of　0908 a sheet of … ring

6

111

❺ 復習テスト

1 つ前の Unit で学習した熟語を含む英文です。熟語の訳にあたる日本語は赤字にしています。空欄に熟語を記入しましょう。

❻ 復習テスト解答

このページの復習テストの解答です。別解がある場合も，原則として解答は 1 つのみ掲載しています。

表記について

動 動詞	名 名詞	形 形容詞	副 副詞
接 接続詞	前 前置詞	代 代名詞	助 助動詞

本書の特長と利用法

1日1Unit（20単語）を目安に進めましょう。

単語編

Unit 2
0021~0040
書いて記憶
学習日 月 日
単語
1回目
2回目
3回目
意味
hope
travel
invite
join
plant
show
become
hold
rain
win
put
wear
keep
sound
speak
build
clean
drive
happen
remember
1
14

1 書いて記憶

左欄の「単語」と右欄の「意味」を確認します。1回目は「意味を確認して書く」2回目は「発音しながら書く」3回目は「意味に合う単語を書く」とよいでしょう。

2 記憶から引き出す

左ページの20語がランダムに並べ替えられています。意味を見て単語を思い出して書きます。左ページで見出し語番号の一致する単語と意味を見て，答え合わせします。

3 復習テスト

最後に復習テストです。1つ前のUnitの20語の意味がランダムに並べ替えられています。その意味の単語を思い出して書きます。前のUnitで見出し語番号の一致する単語と意味を見て，答え合わせします。

4 別冊ワードリスト

復習テストでわからなかった単語をチェックして，別冊「ワードリスト」に書きためておきましょう。覚えられるまで何度もくり返し書きましょう。

Unit 47 0921～0940

書いて記憶　学習日　月　日

熟語	1回目	2回目	意味
0921 at last			ついに，とうとう
0922 at school			学校で
0923 at the end of ～			～の終わりに，～の突き当たりに
0924 be able to *do*			～することができる
0925 be absent from ～			～を休んでいる
0926 be born			生まれる
0927 be covered with ～			～でおおわれている
0928 be different from ～			～と違う
0929 be famous for ～			～で有名である
0930 be full of ～			～でいっぱいである
0931 be glad to *do*			～してうれしい
0932 be good at ～			～がじょうず[得意]である
0933 be in a hurry			急いで[あわてて]いる
0934 be in trouble			困っている
0935 be interested in ～			～に興味がある
0936 be late for ～			～に遅れる
0937 be out			外出している
0938 be proud of ～			～を誇りに思っている
0939 be ready for ～			～の準備ができている
0940 be ready to *do*			～する準備ができている

110

Unit 46の復習テスト　⇒忘れていた熟語は，別冊に書き込もう！

ID	訳文に合う英文になるように空欄に熟語を書こう
0915	We will ( ) ( ) Chicago before noon. ▶正午までにはシカゴに着くでしょう。
0916	I'll get there ( ) soon ( ) I ( ). ▶できるだけ早くそちらに参ります。
0913	That singer is known ( ) ( ) ( ). ▶その歌手は世界中で知られています。
0920	( ) ( ) I didn't like math, but now it's my favorite subject. ▶最初，私は数学が好きではありませんでしたが，今では大好きな教科です。
0918	We won't be able to finish the work today. Let's ( ) ( ) help. ▶今日中にこの仕事を終えられそうにありませんね。助けを求めましょう。
0914	Do you want me to do ( ) ( ), Grandma? ▶おばあちゃん，ほかに何か私にしてもらいたいことある？
0912	If you don't ( ) ( ) me, please say so. ▶私に同意しないのなら，どうかそう言ってください。
0903	This sweater is ( ) ( ) ( ) big for me. ▶このセーターは私には少し大きすぎます。
0907	Would you like ( ) ( ) ▶ケーキを1切れいかがですか。
0909	He put ( ) ( ) ( ) ▶彼はレモンを1切れ紅茶に入れました。
0905	I have ( ) ( ) ( ) ▶今日はすることがたくさんあります。
0910	( ) ( ) ( ), it started to rain. ▶しばらくして，雨が降り始めました。
0904	He helped me ( ) ( ) when I stayed in the U.S. ▶彼は私がアメリカに滞在したときにずいぶん助けてくれました。
0911	I usually go straight home ( ) ( ). ▶私は，放課後はたいていまっすぐ帰宅します。
0902	Can I have ( ) ( ) ( ) milk? ▶牛乳をコップ1杯もらえますか。
0901	I saw him at the library ( ) ( ) minutes ago. ▶私は2，3分前に，彼を図書館で見かけました。
0917	( ) ( ), Kate's father took a bath before dinner. ▶いつものように，ケイトの父親は夕食の前に入浴しました。
0906	I want to buy ( ) ( ) ( ) shoes for my school trip. ▶私は遠足用の靴を1足買いたいです。
0908	She drew a picture on ( ) ( ) ( ) paper. ▶彼女は1枚の紙に絵を描きました。
0919	I ( ) Tony ( ) ( ) something to drink. ▶私はトニーに何か飲み物を持ってくるように頼みました。

Unit 46の復習テスト解答　0915 arrive in　0916 as, as, can　0913 all over the world　0920 At first　0918 ask for　0914 anything else　0912 agree with　0903 a little too　0907 a piece of　0909 a slice of　0905 a lot of　0910 After a while　0904 a lot　0911 after school　0902 a glass of　0901 a few　0917 As usual　0906 a pair of　0908 a sheet of　0919 asked, to bring

111

1 書いて記憶

左欄の熟語を見て右欄の意味を確認します。正しいスペルを2回ずつ，できれば声に出して発音しながら書きます。意味をイメージしながらくり返し書いてみましょう。

2 復習テスト

1つ前のUnitの20語の例文がランダムに並べ替えられています。訳文を見て熟語を思い出して空欄に書きます。すべて解き終わったら，解答で確認しましょう。

3 別冊ワードリスト

復習テストでわからなかった熟語をチェックして，別冊「ワードリスト」に書きためておきましょう。覚えられるまで何度もくり返し書きましょう。

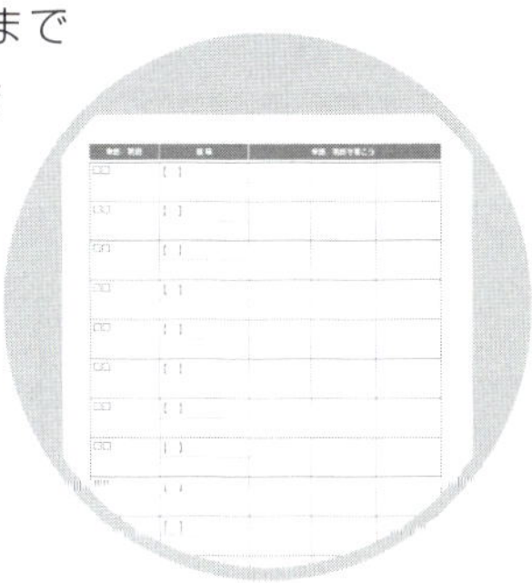

発音記号について

発音記号，カナ発音，例をまとめましたので，発音記号の読み方がわからない場合は参考にしてください。

● 母音

発音記号	カナ発音	例		発音記号	カナ発音	例	
[i:]	イー	evening	[í:vniŋ]	[ʌ]	ア	young	[jʌŋ]
[i]	イ	it	[it]	[ə]	ア	about	[əbáut]
[e]	エ	egg	[eg]	[ər]	アァ	over	[óuvər]
[æ]	ア	apple	[ǽpl]	[ə:r]	ア～	word	[wə:rd]
[ɑ]	ア	mom	[mɑ(:)m]	[ei]	エイ	day	[dei]
[ɑ:]	アー	father	[fɑ́:ðər]	[ou]	オウ	old	[ould]
[ɑ:r]	アー	start	[stɑ:rt]	[ai]	アイ	my	[mai]
[ɔ]	オ	song	[sɔ(:)ŋ]	[au]	アウ	out	[aut]
[ɔ:]	オー	August	[ɔ́:gəst]	[ɔi]	オイ	boy	[bɔi]
[ɔ:r]	オー	before	[bifɔ́:r]	[iər]	イア	ear	[iər]
[u]	ウ	good	[gud]	[eər]	エア	there	[ðeər]
[u:]	ウー	you	[ju:]	[uər]	ウア	tour	[tuər]

● 子音

発音記号	カナ発音	例		発音記号	カナ発音	例	
[p]	プ	pen	[pen]	[ð]	ず	this	[ðis]
[b]	ブ	bad	[bæd]	[s]	ス	safe	[seif]
[t]	ト	take	[teik]	[z]	ズ	zoo	[zu:]
[d]	ド	dad	[dæd]	[ʃ]	シ	ship	[ʃip]
[k]	ク	cake	[keik]	[ʒ]	ジ	pleasure	[pléʒər]
[g]	グ	game	[geim]	[r]	ル	right	[rait]
[m]	ム	Monday	[mʌ́ndei]	[h]	フ	home	[houm]
[n]	ヌ	no	[nou]	[tʃ]	チ	child	[tʃaild]
[ŋ]	ング	long	[lɔ(:)ŋ]	[dʒ]	ヂ	orange	[ɔ́(:)rindʒ]
[l]	る	like	[laik]	[j]	イ	year	[jiər]
[f]	ふ	food	[fu:d]	[w]	ウ	world	[wə:rld]
[v]	ヴ	very	[véri]	[ts]	ツ	plants	[plænts]
[θ]	す	think	[θiŋk]	[dz]	ヅ	kids	[kidz]

学習管理表

1 日 1 Unit を目安に進めていきましょう。
その日の学習が終わったら下の表の／部分に日付を記入して記録を付けていきましょう。

Unit 1	／	Unit 2	／	Unit 3	／	Unit 4	／	Unit 5	／
Unit 6	／	Unit 7	／	Unit 8	／	Unit 9	／	Unit 10	／
Unit 11	／	Unit 12	／	Unit 13	／	Unit 14	／	Unit 15	／
Unit 16	／	Unit 17	／	Unit 18	／	Unit 19	／	Unit 20	／
Unit 21	／	Unit 22	／	Unit 23	／	Unit 24	／	Unit 25	／
Unit 26	／	Unit 27	／	Unit 28	／	Unit 29	／	Unit 30	／
Unit 31	／	Unit 32	／	Unit 33	／	Unit 34	／	Unit 35	／
Unit 36	／	Unit 37	／	Unit 38	／	Unit 39	／	Unit 40	／
Unit 41	／	Unit 42	／	Unit 43	／	Unit 44	／	Unit 45	／
Unit 46	／	Unit 47	／	Unit 48	／	Unit 49	／	Unit 50	／
Unit 51	／	Unit 52	／	Unit 53	／	Unit 54	／	Unit 55	／
Unit 56	／	Unit 57	／	Unit 58	／	Unit 59	／	Unit 60	／
Unit 61	／	Unit 62	／	Unit 63	／	Unit 64	／	Unit 65	／

単語編

でる度 A 常にでる基本単語

300

Unit 1
～
Unit 15

書いて記憶

学習日　　月　　日

単語	1回目	2回目	3回目	意味
0001 **make** [meik] メイク				動 (make *A B*で) AをBにする, を作る, (行為) を行う
0002 **take** [teik] テイク				動 を連れていく, (時間) がかかる, (乗り物) に乗る
0003 **see** [si:] スィー				動 が見える, を見る, に会う, (医者) に診てもらう
0004 **work** [wə:rk] ワ~ク				動 (機械などが) 作動する, 働く
0005 **look** [luk] るック				動 (形容詞の前で) に見える, 見る
0006 **call** [kɔ:l] コーる				動 (call *A B*で) AをBと呼ぶ, に電話をする
0007 **last** [læst] らスト				動 続く
0008 **learn** [lə:rn] ら~ン				動 (を) 学ぶ
0009 **tell** [tel] テる				動 に~を話す, に~を教える
0010 **need** [ni:d] ニード				動 を必要とする
0011 **enjoy** [indʒɔ́i] インヂョイ				動 を楽しむ
0012 **grow** [grou] グロウ				動 育つ, を育てる
0013 **give** [giv] ギヴ				動 (に~) を与える
0014 **finish** [fíniʃ] ふィニッシ				動 を終える, 終わる
0015 **find** [faind] ふァインド				動 を見つける, とわかる
0016 **move** [mu:v] ムーヴ				動 移り住む, 動く, を感動させる
0017 **send** [send] センド				動 を送る
0018 **bring** [briŋ] ブリンッ				動 を持って [連れて] くる, を持って [連れて] いく
0019 **try** [trai] トゥライ				動 (を) 試みる, 試す, ~しようとする
0020 **decide** [disáid] ディサイド				動 (を) 決める, ~することにする

記憶から引き出す

意 味	ID	単語を書こう
動 (に〜)を与える	0013	
動 続く	0007	
動 を持って [連れて] くる，を持って [連れて] いく	0018	
動 を楽しむ	0011	
動 (形容詞の前で)に見える，見る	0005	
動 育つ，を育てる	0012	
動 移り住む，動く，を感動させる	0016	
動 を連れていく，(時間)がかかる，(乗り物)に乗る	0002	
動 (___ *A B*で)AをBと呼ぶ，に電話をする	0006	
動 を送る	0017	

意 味	ID	単語を書こう
動 (機械などが)作動する，働く	0004	
動 を必要とする	0010	
動 (を)学ぶ	0008	
動 を終える，終わる	0014	
動 を見つける，とわかる	0015	
動 (を)試みる，試す，〜しようとする	0019	
動 (を)決める，〜することにする	0020	
動 が見える，を見る，に会う，(医者)に診てもらう	0003	
動 に〜を話す，に〜を教える	0009	
動 (___ *A B*で)AをBにする，を作る，(行為)を行う	0001	

書いて記憶

学習日　　月　　日

単語	1回目	2回目	3回目	意味
0021 **hope** [houp] ホウプ				動 を望む
0022 **travel** [trǽv(ə)l] トゥラヴ(ェ)る				動 旅行する
0023 **invite** [inváit] インヴァイト				動 を招待する
0024 **join** [dʒɔin] ヂョイン				動 (に)参加する，加わる
0025 **plant** [plænt] プらント				動 を植える
0026 **show** [ʃou] ショウ				動 を見せる，に～を見せる
0027 **become** [bikʌ́m] ビカム				動 になる
0028 **hold** [hould] ホウるド				動 (会など)を開く
0029 **rain** [rein] レイン				動 雨が降る
0030 **win** [win] ウィン				動 (に)勝つ，を勝ち取る
0031 **put** [put] プット				動 を置く
0032 **wear** [weə*r*] ウェア				動 を身につけている
0033 **keep** [kiːp] キープ				動 (keep -ingで)～し続ける，を(ある状態)にしておく
0034 **sound** [saund] サウンド				動 (形容詞の前で)に聞こえる
0035 **speak** [spiːk] スピーク				動 (を)話す
0036 **build** [bild] ビるド				動 を建てる，を造る
0037 **clean** [kliːn] クりーン				動 をきれいにする
0038 **drive** [draiv] ドゥライヴ				動 を運転する，(人)を車で送る
0039 **happen** [hǽp(ə)n] ハプン				動 起こる
0040 **remember** [rimémbə*r*] リメンバァ				動 (を)思い出す，(を)覚えている

記憶から引き出す

意 味	ID	単語を書こう
動 (に)参加する，加わる	0024	
動 を招待する	0023	
動 (を)話す	0035	
動 (に)勝つ，を勝ち取る	0030	
動 (を)思い出す，(を)覚えている	0040	
動 を望む	0021	
動 になる	0027	
動 雨が降る	0029	
動 を見せる，に～を見せる	0026	
動 (___ -ingで)～し続ける，を(ある状態)にしておく	0033	

意 味	ID	単語を書こう
動 を身につけている	0032	
動 を置く	0031	
動 (会など)を開く	0028	
動 (形容詞の前で)に聞こえる	0034	
動 を建てる，を造る	0036	
動 起こる	0039	
動 を運転する，(人)を車で送る	0038	
動 をきれいにする	0037	
動 を植える	0025	
動 旅行する	0022	

Unit 1の復習テスト

⇒答えは前Unitを参考に。忘れていたものは，別冊に書き込もう！

意 味	ID	単語を書こう
動 を終える，終わる	0014	
動 育つ，を育てる	0012	
動 (を)学ぶ	0008	
動 を送る	0017	
動 移り住む，動く，を感動させる	0016	
動 を楽しむ	0011	
動 続く	0007	
動 (を)決める，～することにする	0020	
動 に～を話す，に～を教える	0009	
動 が見える，を見る，に会う，(医者)に診てもらう	0003	

意 味	ID	単語を書こう
動 を見つける，とわかる	0015	
動 を連れていく，(時間)がかかる，(乗り物)に乗る	0002	
動 (___ *A B*で)AをBにする，を作る，(行為)を行う	0001	
動 を持って[連れて]くる，を持って[連れて]いく	0018	
動 (形容詞の前で)に見える，見る	0005	
動 (___ *A B*で)AをBと呼ぶ，に電話をする	0006	
動 (機械などが)作動する，働く	0004	
動 (に～)を与える	0013	
動 を必要とする	0010	
動 (を)試みる，試す，～しようとする	0019	

書いて記憶

学習日　　　月　　　日

単語	1回目	2回目	3回目	意味
0041 **return** [ritə́:rn] リタ～ン				[動] を返す，戻る
0042 **say** [sei] セイ				[動] と書いてある，と言う
0043 **sleep** [sli:p] スリープ				[動] 眠る
0044 **paint** [peint] ペイント				[動] にペンキを塗る，を絵の具で描く
0045 **watch** [wɑ(:)tʃ] ワ(ー)ッチ				[動] を(注意して)見る
0046 **worry** [wə́:ri] ワ～リィ				[動] 心配する，を心配させる
0047 **save** [seiv] セイヴ				[動] を貯える，を節約する，を救う
0048 **sell** [sel] セる				[動] を売る
0049 **snow** [snou] スノウ				[動] 雪が降る
0050 **understand** [ʌndərstǽnd] アンダスタンド				[動] (を)理解する
0051 **begin** [bigín] ビギン				[動] を始める，始まる
0052 **borrow** [bɔ́:rou] ボーロウ				[動] を借りる
0053 **cover** [kʌ́vər] カヴァ				[動] をおおう
0054 **miss** [mis] ミス				[動] に乗り遅れる，がいなくてさびしく思う
0055 **wait** [weit] ウェイト				[動] 待つ
0056 **arrive** [əráiv] アライヴ				[動] 到着する
0057 **break** [breik] ブレイク				[動] を壊す，を割る
0058 **change** [tʃeindʒ] チェインヂ				[動] を変える，変わる
0059 **choose** [tʃu:z] チューズ				[動] (を)選ぶ
0060 **graduate** [grǽdʒueit] グラヂュエイト				[動] 卒業する

記憶から引き出す

意 味	ID	単語を書こう
動 到着する	0056	
動 (を)理解する	0050	
動 眠る	0043	
動 雪が降る	0049	
動 待つ	0055	
動 を売る	0048	
動 を借りる	0052	
動 に乗り遅れる，がいなくてさびしく思う	0054	
動 と書いてある，と言う	0042	
動 心配する，を心配させる	0046	

意 味	ID	単語を書こう
動 を(注意して)見る	0045	
動 にペンキを塗る，を絵の具で描く	0044	
動 を変える，変わる	0058	
動 を始める，始まる	0051	
動 を壊す，を割る	0057	
動 (を)選ぶ	0059	
動 を返す，戻る	0041	
動 卒業する	0060	
動 を貯える，を節約する，を救う	0047	
動 をおおう	0053	

Unit 2の復習テスト

⇒答えは前Unitを参考に。忘れていたものは，別冊に書き込もう！

意 味	ID	単語を書こう
動 を招待する	0023	
動 を運転する，(人)を車で送る	0038	
動 を望む	0021	
動 を置く	0031	
動 を建てる，を造る	0036	
動 (を)思い出す，(を)覚えている	0040	
動 を見せる，に～を見せる	0026	
動 (会など)を開く	0028	
動 をきれいにする	0037	
動 雨が降る	0029	

意 味	ID	単語を書こう
動 (に)勝つ，を勝ち取る	0030	
動 (___ -ingで)～し続ける，を(ある状態)にしておく	0033	
動 を身につけている	0032	
動 旅行する	0022	
動 を植える	0025	
動 起こる	0039	
動 になる	0027	
動 (を)話す	0035	
動 (に)参加する，加わる	0024	
動 (形容詞の前で)に聞こえる	0034	

書いて記憶

学習日　　月　　日

単語	1回目	2回目	3回目	意味
0061 **leave** [liːv] リーヴ				動 を置き忘れる, (を)出発する, を残す
0062 **lend** [lend] れンド				動 を貸す
0063 **feel** [fiːl] ふィーる				動 (形容詞の前で)に感じる
0064 **pick** [pik] ピック				動 を摘む, を選ぶ
0065 **receive** [risíːv] リスィーヴ				動 を受け取る
0066 **spend** [spend] スペンド				動 (時間・お金)を費やす
0067 **bake** [beik] ベイク				動 (パンなど)を焼く
0068 **draw** [drɔː] ドゥロー				動 (絵・図)を描く, (線)を引く
0069 **skate** [skeit] スケイト				動 スケートをする
0070 **turn** [təːrn] ターン				動 (を)曲がる

単語	1回目	2回目	3回目	意味
0071 **p.m.** [pìːém] ピーエム				名 午後
0072 **zoo** [zuː] ズー				名 動物園
0073 **animal** [ǽnim(ə)l] アニマる				名 動物
0074 **festival** [féstiv(ə)l] ふェスティヴァる				名 祭り
0075 **elephant** [élif(ə)nt] エれふァント				名 ゾウ
0076 **date** [deit] デイト				名 日付
0077 **subject** [sʌ́bdʒekt] サブヂェクト				名 教科, (Eメールなどの)件名
0078 **store** [stɔːr] ストー				名 店
0079 **a.m.** [èiém] エイエム				名 午前
0080 **toy** [tɔi] トイ				名 おもちゃ

記憶から引き出す

意　味	ID	単語を書こう
名 ゾウ	0075	
動 を受け取る	0065	
名 店	0078	
名 教科，(Eメールなどの)件名	0077	
動 を置き忘れる，(を)出発する，を残す	0061	
名 午前	0079	
動 を摘む，を選ぶ	0064	
名 午後	0071	
名 動物	0073	
動 (形容詞の前で)に感じる	0063	

意　味	ID	単語を書こう
動 (を)曲がる	0070	
名 動物園	0072	
動 (パンなど)を焼く	0067	
名 おもちゃ	0080	
動 (時間・お金)を費やす	0066	
名 祭り	0074	
動 スケートをする	0069	
動 (絵・図)を描く，(線)を引く	0068	
名 日付	0076	
動 を貸す	0062	

Unit 3の復習テスト

⇒答えは前Unitを参考に。忘れていたものは，別冊に書き込もう！

意　味	ID	単語を書こう
動 をおおう	0053	
動 (を)選ぶ	0059	
動 眠る	0043	
動 心配する，を心配させる	0046	
動 に乗り遅れる，がいなくてさびしく思う	0054	
動 にペンキを塗る，を絵の具で描く	0044	
動 (を)理解する	0050	
動 到着する	0056	
動 を借りる	0052	
動 と書いてある，と言う	0042	

意　味	ID	単語を書こう
動 を返す，戻る	0041	
動 を変える，変わる	0058	
動 待つ	0055	
動 を壊す，を割る	0057	
動 雪が降る	0049	
動 を貯える，を節約する，を救う	0047	
動 を始める，始まる	0051	
動 卒業する	0060	
動 を(注意して)見る	0045	
動 を売る	0048	

書いて記憶

学習日 　月 　日

単語	1回目	2回目	3回目	意味
0081 **movie** [múːvi] ムーヴィ				名 映画
0082 **weekend** [wíːkend] ウィーケンド				名 週末
0083 **contest** [ká(ː)ntest] カ(ー)ンテスト				名 コンテスト
0084 **money** [mʌ́ni] マニィ				名 お金
0085 **restaurant** [réstərənt] レストラント				名 レストラン
0086 **trip** [trip] トゥリップ				名 旅行
0087 **information** [infərméiʃ(ə)n] インふォメイション				名 情報
0088 **kind** [kaind] カインド				名 種類
0089 **dictionary** [díkʃəneri] ディクショネリィ				名 辞書
0090 **food** [fuːd] ふード				名 食べ物，料理
0091 **doctor** [dá(ː)ktər] ダ(ー)クタァ				名 医師
0092 **job** [dʒa(ː)b] ヂャ(ー)ッブ				名 仕事
0093 **kitten** [kít(ə)n] キトゥン				名 子猫
0094 **university** [jùːnivə́ːrsəti] ユーニヴァ～スィティ				名 (総合)大学
0095 **part** [pɑːrt] パート				名 部分
0096 **place** [pleis] プれイス				名 場所
0097 **fun** [fʌn] ふァン				名 楽しいこと
0098 **parent** [pé(ə)r(ə)nt] ペ(ア)レント				名 親
0099 **vacation** [veikéiʃ(ə)n] ヴェイケイション				名 休暇
0100 **volunteer** [vɑ̀(ː)ləntíər] ヴァ(ー)らンティア				名 ボランティア(をする人)

記憶から引き出す

意 味	ID	単語を書こう
名 お金	0084	
名 辞書	0089	
名 レストラン	0085	
名 旅行	0086	
名 （総合）大学	0094	
名 映画	0081	
名 親	0098	
名 食べ物，料理	0090	
名 ボランティア（をする人）	0100	
名 コンテスト	0083	
名 医師	0091	
名 楽しいこと	0097	
名 休暇	0099	
名 仕事	0092	
名 種類	0088	
名 子猫	0093	
名 場所	0096	
名 週末	0082	
名 情報	0087	
名 部分	0095	

Unit 4の復習テスト

⇒答えは前Unitを参考に。忘れていたものは，別冊に書き込もう！

意 味	ID	単語を書こう
名 動物園	0072	
動 を置き忘れる，（を）出発する，を残す	0061	
名 おもちゃ	0080	
名 動物	0073	
動 （パンなど）を焼く	0067	
名 日付	0076	
動 スケートをする	0069	
動 （絵・図）を描く，（線）を引く	0068	
動 を貸す	0062	
動 を摘む，を選ぶ	0064	
名 祭り	0074	
名 ゾウ	0075	
動 （形容詞の前で）に感じる	0063	
名 午前	0079	
名 午後	0071	
動 （を）曲がる	0070	
名 教科，（Eメールなどの）件名	0077	
動 を受け取る	0065	
動 （時間・お金）を費やす	0066	
名 店	0078	

書いて記憶

学習日　　月　　日

単 語	1回目	2回目	3回目	意 味
0101 **band** [bænd] バンド				名 (音楽の)バンド
0102 **chimpanzee** [tʃìmpænzíː] チンパンズィー				名 チンパンジー
0103 **library** [láibreri] らイブレリィ				名 図書館
0104 **plan** [plæn] プらン				名 予定，計画
0105 **e-mail** [íːmeil] イーメイる				名 Eメール
0106 **hour** [áuər] アウア				名 (1)時間
0107 **practice** [prǽktis] プラクティス				名 練習
0108 **son** [sʌn] サン				名 息子
0109 **country** [kʌ́ntri] カントゥリィ				名 国，(the country で)いなか
0110 **meeting** [míːtiŋ] ミーティング				名 会合，会議
0111 **newspaper** [núːzpèipər] ヌーズペイパァ				名 新聞
0112 **scientist** [sáiəntəst] サイエンティスト				名 科学者
0113 **stop** [stɑ(ː)p] スタ(ー)ップ				名 (バスの)停留所
0114 **area** [é(ə)riə] エ(ア)リア				名 地域，区域
0115 **aunt** [ænt] アント				名 おば
0116 **company** [kʌ́mp(ə)ni] カンパニィ				名 会社
0117 **cookie** [kúki] クッキィ				名 クッキー
0118 **farmer** [fɑ́ːrmər] ふァーマァ				名 農場経営者，農家
0119 **garden** [gɑ́ːrd(ə)n] ガードゥン				名 庭
0120 **idea** [aidíː(ː)ə] アイディ(ー)ア				名 考え，アイデア

記憶から引き出す

意 味	ID	単語を書こう
名 (バスの)停留所	0113	
名 国, (the ___ で)いなか	0109	
名 新聞	0111	
名 予定, 計画	0104	
名 チンパンジー	0102	
名 庭	0119	
名 農場経営者, 農家	0118	
名 地域, 区域	0114	
名 科学者	0112	
名 Eメール	0105	

意 味	ID	単語を書こう
名 (1)時間	0106	
名 息子	0108	
名 クッキー	0117	
名 会社	0116	
名 練習	0107	
名 考え, アイデア	0120	
名 図書館	0103	
名 おば	0115	
名 (音楽の)バンド	0101	
名 会合, 会議	0110	

Unit 5の復習テスト

⇒答えは前Unitを参考に。忘れていたものは，別冊に書き込もう！

意 味	ID	単語を書こう
名 情報	0087	
名 楽しいこと	0097	
名 仕事	0092	
名 辞書	0089	
名 休暇	0099	
名 食べ物, 料理	0090	
名 旅行	0086	
名 ボランティア(をする人)	0100	
名 部分	0095	
名 種類	0088	

意 味	ID	単語を書こう
名 親	0098	
名 コンテスト	0083	
名 週末	0082	
名 映画	0081	
名 医師	0091	
名 場所	0096	
名 子猫	0093	
名 レストラン	0085	
名 お金	0084	
名 (総合)大学	0094	

書いて記憶

学習日　　　月　　　日

単語	1回目	2回目	3回目	意味
0121 **lesson** [lés(ə)n] れスン				名 授業，けいこ
0122 **medicine** [méds(ə)n] メドゥス(ィ)ン				名 薬
0123 **month** [mʌnθ] マンす				名 (暦の上の)月
0124 **pumpkin** [pʌ́m(p)kin] パン(プ)キン				名 カボチャ
0125 **space** [speis] スペイス				名 宇宙，空間
0126 **station** [stéiʃ(ə)n] ステイション				名 駅，(警察や消防の)署
0127 **weather** [wéðər] ウェざァ				名 天気
0128 **word** [wəːrd] ワ〜ド				名 単語
0129 **care** [keər] ケア				名 世話，注意
0130 **chocolate** [tʃɔ́ːklət] チョークれット				名 チョコレート
0131 **factory** [fǽkt(ə)ri] ふァクトリィ				名 工場
0132 **ice** [ais] アイス				名 氷
0133 **pizza** [píːtsə] ピーツァ				名 ピザ
0134 **prize** [praiz] プライズ				名 賞
0135 **report** [ripɔ́ːrt] リポート				名 報告(書)，レポート
0136 **street** [striːt] ストゥリート				名 通り
0137 **visitor** [vízətər] ヴィズィタァ				名 訪問者
0138 **way** [wei] ウェイ				名 方法，方向
0139 **concert** [kɑ́(ː)nsərt] カ(ー)ンサト				名 演奏会
0140 **cousin** [kʌ́z(ə)n] カズン				名 いとこ

記憶から引き出す

意味	ID	単語を書こう
名 いとこ	0140	
名 駅，（警察や消防の）署	0126	
名 報告（書），レポート	0135	
名 世話，注意	0129	
名 チョコレート	0130	
名 訪問者	0137	
名 天気	0127	
名 宇宙，空間	0125	
名 ピザ	0133	
名 （暦の上の）月	0123	

意味	ID	単語を書こう
名 賞	0134	
名 演奏会	0139	
名 工場	0131	
名 氷	0132	
名 単語	0128	
名 授業，けいこ	0121	
名 カボチャ	0124	
名 通り	0136	
名 薬	0122	
名 方法，方向	0138	

Unit 6の復習テスト

⇒答えは前Unitを参考に。忘れていたものは，別冊に書き込もう！

意味	ID	単語を書こう
名 農場経営者，農家	0118	
名 クッキー	0117	
名 Eメール	0105	
名 考え，アイデア	0120	
名 庭	0119	
名 練習	0107	
名 チンパンジー	0102	
名 会合，会議	0110	
名 おば	0115	
名 新聞	0111	

意味	ID	単語を書こう
名 国，（the ＿＿ で）いなか	0109	
名 （1）時間	0106	
名 （バスの）停留所	0113	
名 息子	0108	
名 科学者	0112	
名 （音楽の）バンド	0101	
名 予定，計画	0104	
名 図書館	0103	
名 会社	0116	
名 地域，区域	0114	

書いて記憶

学習日　　月　　日

単語	1回目	2回目	3回目	意味
0141 **doghouse** [dɔ́(:)ghaus] ド(ー)グハウス				名 犬小屋
0142 **group** [gru:p] グループ				名 団体，グループ
0143 **history** [híst(ə)ri] ヒストリィ				名 歴史
0144 **letter** [létər] れタァ				名 文字，手紙
0145 **minute** [mínit] ミニット				名 ちょっとの間，(1)分
0146 **musician** [mjuzíʃ(ə)n] ミュズィシャン				名 音楽家
0147 **notice** [nóutəs] ノウティス				名 掲示，通知
0148 **thing** [θiŋ] すィング				名 もの，こと
0149 **ticket** [tíkət] ティケット				名 切符，チケット
0150 **tiger** [táigər] タイガァ				名 トラ
0151 **uncle** [ʌ́ŋkl] アンクる				名 おじ
0152 **website** [wébsait] ウェブサイト				名 ウェブサイト
0153 **floor** [flɔ:r] ふろー				名 (建物の)階，床
0154 **life** [laif] らイふ				名 一生，生活，命
0155 **office** [á(:)fəs] ア(ー)ふィス				名 事務所，オフィス
0156 **pool** [pu:l] プーる				名 (スイミング)プール
0157 **winner** [wínər] ウィナァ				名 勝利者，優勝者
0158 **building** [bíldiŋ] ビるディング				名 建物，ビル
0159 **college** [ká(:)lidʒ] カ(ー)れッヂ				名 (単科)大学
0160 **daughter** [dɔ́:tər] ドータァ				名 娘

記憶から引き出す

意 味	ID	単語を書こう
名 事務所，オフィス	0155	
名 (単科)大学	0159	
名 (スイミング)プール	0156	
名 犬小屋	0141	
名 建物，ビル	0158	
名 (建物の)階，床	0153	
名 切符，チケット	0149	
名 掲示，通知	0147	
名 団体，グループ	0142	
名 一生，生活，命	0154	

意 味	ID	単語を書こう
名 文字，手紙	0144	
名 歴史	0143	
名 もの，こと	0148	
名 おじ	0151	
名 音楽家	0146	
名 娘	0160	
名 ウェブサイト	0152	
名 トラ	0150	
名 ちょっとの間，(1)分	0145	
名 勝利者，優勝者	0157	

Unit 7の復習テスト

⇒答えは前Unitを参考に。忘れていたものは，別冊に書き込もう！

意 味	ID	単語を書こう
名 カボチャ	0124	
名 氷	0132	
名 駅，(警察や消防の)署	0126	
名 報告(書)，レポート	0135	
名 方法，方向	0138	
名 (暦の上の)月	0123	
名 ピザ	0133	
名 工場	0131	
名 単語	0128	
名 通り	0136	

意 味	ID	単語を書こう
名 世話，注意	0129	
名 授業，けいこ	0121	
名 チョコレート	0130	
名 いとこ	0140	
名 賞	0134	
名 訪問者	0137	
名 宇宙，空間	0125	
名 演奏会	0139	
名 天気	0127	
名 薬	0122	

書いて記憶

学習日　　月　　日

単語	1回目	2回目	3回目	意味
0161 **fair** [feər] ふエア				名 見本市，バザー
0162 **French** [frentʃ] ふレンチ				名 フランス語
0163 **future** [fjú:tʃər] ふューチャ				名 未来，将来
0164 **government** [gʌ́vər(n)mənt] ガヴァ(ン)メント				名 政府
0165 **hospital** [hɑ́(:)spitl] ハ(ー)スピトゥる				名 病院
0166 **instrument** [ínstrəmənt] インストゥルメント				名 楽器，器具
0167 **jazz** [dʒæz] ヂャズ				名 ジャズ(音楽)
0168 **person** [pə́:rs(ə)n] パ～スン				名 人
0169 **pie** [pai] パイ				名 パイ
0170 **Spanish** [spǽniʃ] スパニッシ				名 スペイン語
0171 **vegetable** [védʒtəbl] ヴェヂタブる				名 野菜
0172 **wife** [waif] ワイふ				名 妻
0173 **writer** [ráitər] ライタァ				名 作家
0174 **bookstore** [búkstɔ:r] ブックストー				名 書店
0175 **camera** [kǽm(ə)rə] キャメラ				名 カメラ
0176 **clothes** [klouz] クろウズ				名 衣服
0177 **dish** [diʃ] ディッシ				名 皿，料理
0178 **end** [end] エンド				名 終わり
0179 **event** [ivént] イヴェント				名 行事，イベント
0180 **farm** [fɑ:rm] ふァーム				名 農場

記憶から引き出す

意味	ID	単語を書こう
名 ジャズ(音楽)	0167	
名 スペイン語	0170	
名 人	0168	
名 妻	0172	
名 カメラ	0175	
名 パイ	0169	
名 未来，将来	0163	
名 楽器，器具	0166	
名 野菜	0171	
名 終わり	0178	
名 書店	0174	
名 作家	0173	
名 皿，料理	0177	
名 フランス語	0162	
名 政府	0164	
名 行事，イベント	0179	
名 病院	0165	
名 見本市，バザー	0161	
名 農場	0180	
名 衣服	0176	

Unit 8の復習テスト

⇒答えは前Unitを参考に。忘れていたものは，別冊に書き込もう！

意味	ID	単語を書こう
名 おじ	0151	
名 勝利者，優勝者	0157	
名 団体，グループ	0142	
名 もの，こと	0148	
名 (スイミング)プール	0156	
名 文字，手紙	0144	
名 掲示，通知	0147	
名 (建物の)階，床	0153	
名 歴史	0143	
名 切符，チケット	0149	
名 トラ	0150	
名 犬小屋	0141	
名 ウェブサイト	0152	
名 建物，ビル	0158	
名 ちょっとの間，(1)分	0145	
名 音楽家	0146	
名 事務所，オフィス	0155	
名 (単科)大学	0159	
名 一生，生活，命	0154	
名 娘	0160	

書いて記憶

学習日　　　月　　　日

単語	1回目	2回目	3回目	意味
0181 **forest** [fɔ́:rəst] ふォーレスト				[名] 森林
0182 **grandmother** [grǽn(d)mʌ̀ðər] グラン(ド)マざァ				[名] 祖母
0183 **island** [áilənd] アイらンド				[名] 島
0184 **magazine** [mǽgəzi:n] マガズィーン				[名] 雑誌
0185 **member** [mémbər] メンバァ				[名] 一員
0186 **message** [mésidʒ] メセッヂ				[名] 伝言
0187 **nature** [néitʃər] ネイチャ				[名] 自然
0188 **road** [roud] ロウド				[名] 道，道路
0189 **speech** [spi:tʃ] スピーチ				[名] スピーチ，演説
0190 **supermarket** [sú:pərmɑ̀:rkət] スーパマーケット				[名] スーパーマーケット
0191 **train** [trein] トゥレイン				[名] 列車，電車
0192 **actor** [ǽktər] アクタァ				[名] 俳優
0193 **beach** [bi:tʃ] ビーチ				[名] 浜辺，海辺
0194 **color** [kʌ́lər] カらァ				[名] 色
0195 **convenience** [kənví:niəns] コンヴィーニエンス				[名] 便利さ
0196 **culture** [kʌ́ltʃər] カるチャ				[名] 文化
0197 **god** [gɑ(:)d] ガ(ー)ッド				[名] 神
0198 **gym** [dʒim] ヂム				[名] 体育館
0199 **husband** [hʌ́zbənd] ハズバンド				[名] 夫
0200 **machine** [məʃí:n] マシーン				[名] 機械

記憶から引き出す

意 味	ID	単語を書こう
名 神	0197	
名 道，道路	0188	
名 文化	0196	
名 色	0194	
名 スーパーマーケット	0190	
名 浜辺，海辺	0193	
名 伝言	0186	
名 便利さ	0195	
名 夫	0199	
名 俳優	0192	

意 味	ID	単語を書こう
名 体育館	0198	
名 自然	0187	
名 祖母	0182	
名 列車，電車	0191	
名 機械	0200	
名 森林	0181	
名 雑誌	0184	
名 島	0183	
名 スピーチ，演説	0189	
名 一員	0185	

Unit 9の復習テスト

⇒答えは前Unitを参考に。忘れていたものは，別冊に書き込もう！

意 味	ID	単語を書こう
名 野菜	0171	
名 カメラ	0175	
名 フランス語	0162	
名 見本市，バザー	0161	
名 農場	0180	
名 作家	0173	
名 スペイン語	0170	
名 楽器，器具	0166	
名 妻	0172	
名 終わり	0178	

意 味	ID	単語を書こう
名 皿，料理	0177	
名 行事，イベント	0179	
名 人	0168	
名 衣服	0176	
名 政府	0164	
名 未来，将来	0163	
名 書店	0174	
名 ジャズ(音楽)	0167	
名 パイ	0169	
名 病院	0165	

書いて記憶

学習日　　月　　日

単語	1回目	2回目	3回目	意味
0201 **paper** [péipər] ペイパァ				名 紙
0202 **plane** [plein] プれイン				名 飛行機
0203 **president** [prézid(ə)nt] プレズィデント				名 大統領
0204 **question** [kwéstʃ(ə)n] クウェスチョン				名 質問
0205 **salad** [sǽləd] サらッド				名 サラダ
0206 **tournament** [túərnəmənt] トゥアナメント				名 試合，トーナメント
0207 **war** [wɔːr] ウォー				名 戦争
0208 **other** [ʌ́ðər] アざァ				形 ほかの
0209 **dear** [diər] ディア				形 (手紙の冒頭で)親愛なる～
0210 **well** [wel] ウェる				形 元気な
0211 **free** [friː] ふリー				形 無料の，ひまな
0212 **best** [best] ベスト				形 (good，wellの最上級) 最もよい
0213 **famous** [féiməs] ふェイマス				形 有名な
0214 **special** [spéʃ(ə)l] スペシャる				形 特別な
0215 **little** [lítl] りトゥる				形 (a little ～で)少しの～
0216 **sorry** [sɑ́(ː)ri] サ(ー)リィ				形 気の毒に思って，申し訳なく思って
0217 **better** [bétər] ベタァ				形 (good，wellの比較級) よりよい
0218 **popular** [pɑ́(ː)pjulər] パ(ー)ピュらァ				形 人気のある
0219 **right** [rait] ライト				形 右の，正しい
0220 **favorite** [féiv(ə)rət] ふェイヴ(ァ)リット				形 お気に入りの，大好きな

記憶から引き出す

意 味	ID	単語を書こう
形 (good，wellの比較級) よりよい	0217	
形 (good，wellの最上級) 最もよい	0212	
名 試合，トーナメント	0206	
形 ほかの	0208	
名 大統領	0203	
形 お気に入りの，大好きな	0220	
形 (a ___ ～で) 少しの～	0215	
名 飛行機	0202	
形 人気のある	0218	
形 気の毒に思って，申し訳なく思って	0216	

意 味	ID	単語を書こう
形 特別な	0214	
形 元気な	0210	
名 質問	0204	
名 サラダ	0205	
形 無料の，ひまな	0211	
形 有名な	0213	
名 戦争	0207	
形 右の，正しい	0219	
名 紙	0201	
形 (手紙の冒頭で) 親愛なる～	0209	

Unit 10の復習テスト

⇒答えは前Unitを参考に。忘れていたものは，別冊に書き込もう！

意 味	ID	単語を書こう
名 列車，電車	0191	
名 森林	0181	
名 浜辺，海辺	0193	
名 神	0197	
名 俳優	0192	
名 伝言	0186	
名 文化	0196	
名 道，道路	0188	
名 自然	0187	
名 雑誌	0184	

意 味	ID	単語を書こう
名 島	0183	
名 機械	0200	
名 祖母	0182	
名 一員	0185	
名 色	0194	
名 夫	0199	
名 スピーチ，演説	0189	
名 便利さ	0195	
名 スーパーマーケット	0190	
名 体育館	0198	

書いて記憶

学習日　　月　　日

単 語	1回目	2回目	3回目	意 味
0221 **sick** [sik] スィック				形 病気の，気分の悪い
0222 **busy** [bízi] ビズィ				形 忙しい，混雑した
0223 **late** [leit] れイト				形 遅れた，遅い
0224 **most** [moust] モウスト				形 大部分の
0225 **beautiful** [bjúːtəf(ə)l] ビューティふる				形 美しい
0226 **close** [klous] クろウス				形 近い，親密な
0227 **different** [díf(ə)r(ə)nt] ディふ(ァ)レント				形 異なった，別の，さまざまな
0228 **enough** [inʌ́f] イナふ				形 十分な
0229 **sure** [ʃuər] シュア				形 確かな，確信して
0230 **ready** [rédi] レディ				形 準備ができて
0231 **glad** [glæd] グらッド				形 うれしい
0232 **same** [seim] セイム				形 同じ
0233 **difficult** [dífik(ə)lt] ディふィクるト				形 難しい
0234 **fine** [fain] ふァイン				形 申し分ない，晴れた，元気な
0235 **Italian** [itǽljən] イタりャン				形 イタリア(人[語])の
0236 **surprised** [sərpráizd] サプライズド				形 (人が)驚いた
0237 **afraid** [əfréid] アふレイド				形 怖がって，(I'm afraid ～ で)残念ながら～
0238 **each** [iːtʃ] イーチ				形 それぞれの
0239 **exciting** [iksáitiŋ] イクサイティング				形 (人を)わくわくさせる
0240 **professional** [prəféʃ(ə)n(ə)l] プロふェショヌる				形 プロの，専門職の

記憶から引き出す

意 味	ID	単語を書こう
形 (人が)驚いた	0236	
形 準備ができて	0230	
形 怖がって，(I'm ___ ～で)残念ながら～	0237	
形 異なった，別の，さまざまな	0227	
形 病気の，気分の悪い	0221	
形 うれしい	0231	
形 それぞれの	0238	
形 遅れた，遅い	0223	
形 忙しい，混雑した	0222	
形 近い，親密な	0226	

意 味	ID	単語を書こう
形 十分な	0228	
形 大部分の	0224	
形 申し分ない，晴れた，元気な	0234	
形 イタリア(人[語])の	0235	
形 美しい	0225	
形 同じ	0232	
形 (人を)わくわくさせる	0239	
形 プロの，専門職の	0240	
形 確かな，確信して	0229	
形 難しい	0233	

Unit 11の復習テスト

⇒答えは前Unitを参考に。忘れていたものは，別冊に書き込もう！

意 味	ID	単語を書こう
形 (good，wellの最上級)最もよい	0212	
形 特別な	0214	
名 サラダ	0205	
形 (good，wellの比較級)よりよい	0217	
形 気の毒に思って，申し訳なく思って	0216	
名 飛行機	0202	
形 (手紙の冒頭で)親愛なる～	0209	
名 紙	0201	
名 質問	0204	
名 大統領	0203	

意 味	ID	単語を書こう
名 試合，トーナメント	0206	
名 戦争	0207	
形 無料の，ひまな	0211	
形 お気に入りの，大好きな	0220	
形 元気な	0210	
形 右の，正しい	0219	
形 ほかの	0208	
形 (a ___ ～で)少しの～	0215	
形 有名な	0213	
形 人気のある	0218	

書いて記憶

学習日　　月　　日

単語	1回目	2回目	3回目	意味
0241 **wild** [waild] ワイるド				形 野生の
0242 **angry** [æŋgri] アングリィ				形 怒っている
0243 **another** [ənʌ́ðər] アナざァ				形 もう1つ[1人]の，別の
0244 **delicious** [dilíʃəs] ディりシャス				形 おいしい
0245 **foreign** [fɔ́(:)r(ə)n] ふォ(ー)リン				形 外国の
0246 **important** [impɔ́:rt(ə)nt] インポータント				形 重要な
0247 **interesting** [ínt(ə)rəstiŋ] インタレスティング				形 おもしろい，興味深い
0248 **tired** [taiərd] タイアド				形 飽きて
0249 **useful** [jú:sf(ə)l] ユースふる				形 役立つ
0250 **warm** [wɔ:rm] ウォーム				形 暖かい
0251 **hungry** [hʌ́ŋgri] ハングリィ				形 空腹の
0252 **lost** [lɔ(:)st] ろ(ー)スト				形 道に迷った
0253 **main** [mein] メイン				形 おもな
0254 **native** [néitiv] ネイティヴ				形 原産の，ある土地生まれの
0255 **nervous** [nɔ́:rvəs] ナ～ヴァス				形 緊張した
0256 **wrong** [rɔ(:)ŋ] ロ(ー)ング				形 間違った，(ものが)具合が悪い
0257 **first** [fə:rst] ふァ～スト				副 最初に
0258 **next** [nekst] ネクスト				副 次に
0259 **also** [ɔ́:lsou] オーるソウ				副 ～もまた
0260 **again** [əgén] アゲン				副 ふたたび，また

記憶から引き出す

意 味	ID	単語を書こう
形 外国の	0245	
副 最初に	0257	
形 重要な	0246	
形 おいしい	0244	
副 ～もまた	0259	
形 原産の，ある土地生まれの	0254	
副 次に	0258	
形 飽きて	0248	
形 緊張した	0255	
形 もう1つ[1人]の，別の	0243	

意 味	ID	単語を書こう
形 役立つ	0249	
形 おもな	0253	
副 ふたたび，また	0260	
形 怒っている	0242	
形 空腹の	0251	
形 おもしろい，興味深い	0247	
形 野生の	0241	
形 間違った，(ものが)具合が悪い	0256	
形 暖かい	0250	
形 道に迷った	0252	

Unit 12の復習テスト

⇒答えは前Unitを参考に。忘れていたものは，別冊に書き込もう！

意 味	ID	単語を書こう
形 大部分の	0224	
形 プロの，専門職の	0240	
形 確かな，確信して	0229	
形 美しい	0225	
形 申し分ない，晴れた，元気な	0234	
形 うれしい	0231	
形 難しい	0233	
形 準備ができて	0230	
形 同じ	0232	
形 忙しい，混雑した	0222	

意 味	ID	単語を書こう
形 異なった，別の，さまざまな	0227	
形 イタリア(人[語])の	0235	
形 (人を)わくわくさせる	0239	
形 怖がって，(I'm ___ て) 残念ながら～	0237	
形 病気の，気分の悪い	0221	
形 遅れた，遅い	0223	
形 十分な	0228	
形 それぞれの	0238	
形 近い，親密な	0226	
形 (人が)驚いた	0236	

書いて記憶

学習日　　　月　　　日

単語	1回目	2回目	3回目	意味
0261 **around** [əráund] アラウンド				副 あちこちを［に］，およそ～
0262 **before** [bifɔ́ːr] ビふォー				副 以前に
0263 **hard** [hɑːrd] ハード				副 熱心に，激しく
0264 **just** [dʒʌst] ヂャスト				副 たった今，ちょうど，ちょっと
0265 **often** [ɔ́(ː)f(ə)n] オ(ー)ふン				副 よく，しばしば
0266 **later** [léitər] れイタァ				副 あとで
0267 **yet** [jet] イエット				副 (否定文で)まだ(～ない)，(疑問文で)もう
0268 **together** [təgéðər] トゥゲざァ				副 一緒に
0269 **ago** [əgóu] アゴウ				副 ～前に
0270 **never** [névər] ネヴァ				副 一度も～ない，決して～ない
0271 **ever** [évər] エヴァ				副 今までに
0272 **outside** [àutsáid] アウトサイド				副 外(側)に［で，へ］
0273 **still** [stil] スティる				副 今でも，まだ
0274 **tonight** [tənáit] トゥナイト				副 今夜(は)
0275 **already** [ɔːlrédi] オーるレディ				副 すでに，もう
0276 **usually** [júːʒu(ə)li] ユージュ(ア)りィ				副 いつもは，たいてい
0277 **early** [ə́ːrli] アーりィ				副 早く
0278 **part-time** [pɑ̀ːrttáim] パートタイム				副 パートタイムで，非常勤で
0279 **even** [íːv(ə)n] イーヴン				副 ～でさえ，(比較級を強めて)さらに
0280 **everywhere** [évri(h)weər] エヴリ(フ)ウェア				副 どこでも，いたるところに

記憶から引き出す

意味	ID	単語を書こう
副 すでに，もう	0275	
副 早く	0277	
副 たった今，ちょうど，ちょっと	0264	
副 一緒に	0268	
副 よく，しばしば	0265	
副 今までに	0271	
副 以前に	0262	
副 あちこちを［に］，およそ～	0261	
副 一度も～ない，決して～ない	0270	
副 熱心に，激しく	0263	

意味	ID	単語を書こう
副 どこでも，いたるところに	0280	
副 いつもは，たいてい	0276	
副 ～前に	0269	
副 今夜（は）	0274	
副 あとで	0266	
副 ～でさえ，（比較級を強めて）さらに	0279	
副 今でも，まだ	0273	
副 （否定文で）まだ（～ない），（疑問文で）もう	0267	
副 パートタイムで，非常勤で	0278	
副 外（側）に［で，へ］	0272	

Unit 13の復習テスト

⇒答えは前Unitを参考に。忘れていたものは，別冊に書き込もう！

意味	ID	単語を書こう
副 次に	0258	
形 役立つ	0249	
形 怒っている	0242	
形 おもな	0253	
形 重要な	0246	
形 空腹の	0251	
形 間違った，（ものが）具合が悪い	0256	
形 もう1つ［1人］の，別の	0243	
形 外国の	0245	
形 道に迷った	0252	

意味	ID	単語を書こう
形 緊張した	0255	
副 ふたたび，また	0260	
形 暖かい	0250	
副 ～もまた	0259	
形 原産の，ある土地生まれの	0254	
形 おいしい	0244	
形 飽きて	0248	
副 最初に	0257	
形 野生の	0241	
形 おもしろい，興味深い	0247	

書いて記憶

学習日　　月　　日

単語	1回目	2回目	3回目	意味
0281 **far** [fɑːr] ふァー				副 遠方に[へ]
0282 **once** [wʌns] ワンス				副 一度，かつて
0283 **when** [(h)wen] (フ)ウェン				接 ～するとき
0284 **if** [if] イふ				接 もし～ならば
0285 **because** [bikɔ́(ː)z] ビコ(ー)ズ				接 (なぜなら)～だから
0286 **than** [ðæn] ざン				接 ～よりも
0287 **until** [əntíl] アンティる				接 ～するまで
0288 **while** [(h)wail] (フ)ワイる				接 ～する間に
0289 **by** [bai] バイ				前 ～までに，のそばに，によって
0290 **over** [óuvər] オウヴァ				前 ～より多く，の上方に
0291 **between** [bitwíːn] ビトゥウィーン				前 (2つのもの[人])の間に[で]
0292 **during** [dɔ́ːriŋ] ドゥーリング				前 の間(中)
0293 **since** [sins] スィンス				前 ～以来
0294 **across** [əkrɔ́(ː)s] アクロ(ー)ス				前 を横切って
0295 **one** [wʌn] ワン				代 (1つの)もの，(1人の)人
0296 **all** [ɔːl] オーる				代 すべてのもの[人]
0297 **anyone** [éniwʌn] エニワン				代 (疑問文で)だれか，(否定文で)だれも(～ない)
0298 **should** [ʃud] シュッド				助 ～すべきだ，～した方がよい
0299 **could** [kud] クッド				助 ～することができた(canの過去形)
0300 **must** [mʌst] マスト				助 ～しなければならない

記憶から引き出す

意 味	ID	単語を書こう
前 ～以来	0293	
接 もし～ならば	0284	
助 ～すべきだ，～した方がよい	0298	
助 ～しなければならない	0300	
前 の間（中）	0292	
代 （1つの）もの，（1人の）人	0295	
前 ～までに，のそばに，によって	0289	
代 すべてのもの［人］	0296	
助 ～することができた（canの過去形）	0299	
接 ～するとき	0283	

意 味	ID	単語を書こう
接 ～よりも	0286	
前 を横切って	0294	
副 遠方に［へ］	0281	
副 一度，かつて	0282	
前 ～より多く，の上方に	0290	
接 （なぜなら）～だから	0285	
代 （疑問文で）だれか，（否定文で）だれも（～ない）	0297	
前 （2つのもの［人］）の間に［で］	0291	
接 ～する間に	0288	
接 ～するまで	0287	

Unit 14の復習テスト

⇒答えは前Unitを参考に。忘れていたものは，別冊に書き込もう！

意 味	ID	単語を書こう
副 早く	0277	
副 熱心に，激しく	0263	
副 今でも，まだ	0273	
副 あちこちを［に］，およそ～	0261	
副 あとで	0266	
副 一緒に	0268	
副 外（側）に［で，へ］	0272	
副 一度も～ない，決して～ない	0270	
副 （否定文で）まだ（～ない），（疑問文で）もう	0267	
副 すでに，もう	0275	

意 味	ID	単語を書こう
副 たった今，ちょうど，ちょっと	0264	
副 ～前に	0269	
副 パートタイムで，非常勤で	0278	
副 今までに	0271	
副 どこでも，いたるところに	0280	
副 いつもは，たいてい	0276	
副 よく，しばしば	0265	
副 今夜（は）	0274	
副 ～でさえ，（比較級を強めて）さらに	0279	
副 以前に	0262	

Unit 15の復習テスト

⇒答えは前Unitを参考に。忘れていたものは，別冊に書き込もう！

意 味	ID	単語を書こう
接 ～するとき	0283	
接 ～する間に	0288	
代 (疑問文で)だれか，(否定文で)だれも(～ない)	0297	
前 の間(中)	0292	
接 もし～ならば	0284	
前 ～までに，のそばに，によって	0289	
副 一度，かつて	0282	
助 ～することができた(canの過去形)	0299	
接 ～するまで	0287	
接 (なぜなら)～だから	0285	

意 味	ID	単語を書こう
前 (2つのもの[人])の間に[で]	0291	
代 (1つの)もの，(1人の)人	0295	
代 すべてのもの[人]	0296	
接 ～よりも	0286	
前 ～より多く，の上方に	0290	
副 遠方に[へ]	0281	
助 ～すべきだ，～した方がよい	0298	
助 ～しなければならない	0300	
前 ～以来	0293	
前 を横切って	0294	

単語編

でる度 B よくでる重要単語 300

Unit 16
～
Unit 30

書いて記憶

学習日　　月　　日

単 語	1回目	2回目	3回目	意 味
0301 **deliver** [dilívər] ディリヴァ				動 を運ぶ
0302 **answer** [ǽnsər] アンサァ				動 (に)答える，(電話)(に)出る
0303 **believe** [bilíːv] ビリーヴ				動 (を)信じる
0304 **collect** [kəlékt] コれクト				動 を集める
0305 **cost** [kɔ(ː)st] コ(ー)スト				動 (費用)がかかる
0306 **cross** [krɔ(ː)s] クロ(ー)ス				動 を横切る，を渡る
0307 **die** [dai] ダイ				動 死ぬ
0308 **enter** [éntər] エンタァ				動 (に)入る
0309 **fall** [fɔːl] ふォーる				動 落ちる
0310 **fight** [fait] ふァイト				動 (と)戦う，けんかする
0311 **hurt** [həːrt] ハ～ト				動 痛む，を傷つける
0312 **jog** [dʒɑ(ː)g] ヂャ(ー)ッグ				動 ジョギングする
0313 **lose** [luːz] るーズ				動 を失う，をなくす
0314 **pay** [pei] ペイ				動 (を)支払う
0315 **protect** [prətékt] プロテクト				動 を保護する
0316 **reach** [riːtʃ] リーチ				動 に着く，に届く
0317 **ride** [raid] ライド				動 (に)乗る
0318 **share** [ʃeər] シェア				動 を共有する，を分け合う
0319 **agree** [əgríː] アグリー				動 賛成する，同意する
0320 **catch** [kætʃ] キャッチ				動 を捕まえる

記憶から引き出す

意味	ID	単語を書こう
動 ジョギングする	0312	
動 を失う，をなくす	0313	
動 (に)答える，(電話)(に)出る	0302	
動 (と)戦う，けんかする	0310	
動 落ちる	0309	
動 (に)乗る	0317	
動 死ぬ	0307	
動 (費用)がかかる	0305	
動 を運ぶ	0301	
動 (に)入る	0308	

意味	ID	単語を書こう
動 を共有する，を分け合う	0318	
動 を集める	0304	
動 に着く，に届く	0316	
動 賛成する，同意する	0319	
動 (を)信じる	0303	
動 (を)支払う	0314	
動 を保護する	0315	
動 を横切る，を渡る	0306	
動 痛む，を傷つける	0311	
動 を捕まえる	0320	

書いて記憶

学習日　　月　　日

単語	1回目	2回目	3回目	意味
0321 **celebrate** [séləbreit] セれブレイト				動 を祝う
0322 **check** [tʃek] チェック				動 を調べる
0323 **contact** [ká(:)ntækt] カ(ー)ンタクト				動 に連絡をとる
0324 **expect** [ikspékt] イクスペクト				動 を予期する, を期待する
0325 **fly** [flai] ふらイ				動 飛行機で行く, 飛ぶ
0326 **follow** [fá(:)lou] ふァ(ー)ろウ				動 に従う, のあとについていく
0327 **forget** [fərgét] ふォゲット				動 (を)忘れる
0328 **hit** [hit] ヒット				動 (を)打つ
0329 **hurry** [hə́:ri] ハ～リィ				動 急ぐ
0330 **invent** [invént] インヴェント				動 を発明する
0331 **kill** [kil] キる				動 を殺す
0332 **pass** [pæs] パス				動 に合格する, を手渡す
0333 **perform** [pərfɔ́:rm] パふォーム				動 を上演する, (を)演じる
0334 **shut** [ʃʌt] シャット				動 を閉める, 閉まる
0335 **smell** [smel] スメる				動 (形容詞の前で)のにおいがする
0336 **taste** [teist] テイスト				動 (形容詞の前で)の味がする
0337 **attack** [ətǽk] アタック				動 を攻撃する
0338 **carry** [kǽri] キャリィ				動 を運ぶ
0339 **continue** [kəntínju(:)] コンティニュ(ー)				動 続く, を続ける
0340 **cry** [krai] クライ				動 泣く, 叫ぶ

記憶から引き出す

意味	ID	単語を書こう
動 を発明する	0330	
動 に合格する，を手渡す	0332	
動 を攻撃する	0337	
動 (形容詞の前で)の味がする	0336	
動 を上演する，(を)演じる	0333	
動 を運ぶ	0338	
動 (形容詞の前で)のにおいがする	0335	
動 に連絡をとる	0323	
動 続く，を続ける	0339	
動 (を)忘れる	0327	

意味	ID	単語を書こう
動 (を)打つ	0328	
動 を調べる	0322	
動 を殺す	0331	
動 急ぐ	0329	
動 泣く，叫ぶ	0340	
動 を閉める，閉まる	0334	
動 飛行機で行く，飛ぶ	0325	
動 を予期する，を期待する	0324	
動 を祝う	0321	
動 に従う，のあとについていく	0326	

Unit 16の復習テスト

⇒答えは前Unitを参考に。忘れていたものは，別冊に書き込もう！

意味	ID	単語を書こう
動 (費用)がかかる	0305	
動 を運ぶ	0301	
動 (と)戦う，けんかする	0310	
動 賛成する，同意する	0319	
動 (に)答える，(電話)(に)出る	0302	
動 に着く，に届く	0316	
動 を集める	0304	
動 (を)信じる	0303	
動 落ちる	0309	
動 を捕まえる	0320	

意味	ID	単語を書こう
動 (に)乗る	0317	
動 を失う，をなくす	0313	
動 (に)入る	0308	
動 を横切る，を渡る	0306	
動 を共有する，を分け合う	0318	
動 ジョギングする	0312	
動 を保護する	0315	
動 (を)支払う	0314	
動 痛む，を傷つける	0311	
動 死ぬ	0307	

書いて記憶

学習日　　　月　　　日

単語	1回目	2回目	3回目	意味
0341 **destroy** [distrɔ́i] ディストゥロイ				動 を破壊する
0342 **exchange** [ikstʃéindʒ] イクスチェインヂ				動 を交換する
0343 **fit** [fit] ふィット				動 (サイズ，型が)に合う
0344 **guess** [ges] ゲス				動 (を)推測する
0345 **imagine** [imǽdʒin] イマヂン				動 を想像する
0346 **introduce** [intrədú:s] イントゥロドゥース				動 を紹介する
0347 **jump** [dʒʌmp] ヂャンプ				動 跳ぶ
0348 **mean** [mi:n] ミーン				動 を意味する
0349 **order** [ɔ́:rdər] オーダァ				動 (を)注文する
0350 **push** [puʃ] プッシ				動 (を)押す
0351 **relax** [rilǽks] リらックス				動 くつろぐ
0352 **sail** [seil] セイる				動 航海する
0353 **serve** [sə:rv] サ～ヴ				動 (食べ物など)を出す
0354 **shake** [ʃeik] シェイク				動 を振る，(相手の手)を握る
0355 **shout** [ʃaut] シャウト				動 (と)叫ぶ，どなる
0356 **snowboard** [snóubɔ:rd] スノウボード				動 スノーボードをする
0357 **steal** [sti:l] スティーる				動 を盗む
0358 **throw** [θrou] すロウ				動 (を)投げる
0359 **wake** [weik] ウェイク				動 目が覚める
0360 **welcome** [wélkəm] ウェるカム				動 を歓迎する

記憶から引き出す

意味	ID	単語を書こう
動 (を)投げる	0358	
動 を紹介する	0346	
動 (を)推測する	0344	
動 を歓迎する	0360	
動 (を)注文する	0349	
動 を交換する	0342	
動 (食べ物など)を出す	0353	
動 くつろぐ	0351	
動 を破壊する	0341	
動 を意味する	0348	

意味	ID	単語を書こう
動 を盗む	0357	
動 (と)叫ぶ, どなる	0355	
動 (を)押す	0350	
動 を想像する	0345	
動 (サイズ, 型が)に合う	0343	
動 目が覚める	0359	
動 スノーボードをする	0356	
動 航海する	0352	
動 跳ぶ	0347	
動 を振る, (相手の手)を握る	0354	

Unit 17の復習テスト

⇒答えは前Unitを参考に。忘れていたものは，別冊に書き込もう！

意味	ID	単語を書こう
動 を予期する, を期待する	0324	
動 (形容詞の前で)のにおいがする	0335	
動 を祝う	0321	
動 を閉める, 閉まる	0334	
動 に合格する, を手渡す	0332	
動 を上演する, (を)演じる	0333	
動 泣く, 叫ぶ	0340	
動 (を)忘れる	0327	
動 急ぐ	0329	
動 を発明する	0330	

意味	ID	単語を書こう
動 続く, を続ける	0339	
動 を運ぶ	0338	
動 (形容詞の前で)の味がする	0336	
動 (を)打つ	0328	
動 を殺す	0331	
動 を調べる	0322	
動 に従う, のあとについていく	0326	
動 飛行機で行く, 飛ぶ	0325	
動 に連絡をとる	0323	
動 を攻撃する	0337	

書いて記憶

学習日　　月　　日

単語	1回目	2回目	3回目	意味
0361 **height** [hait] ハイト				名 高さ，身長
0362 **hurricane** [hə́:rəkein] ハ～リケイン				名 ハリケーン
0363 **ice cream** [áis kri:m] アイス　クリーム				名 アイスクリーム
0364 **Olympic** [əlímpik] オリンピック				名 (the ～sで) オリンピック
0365 **parade** [pəréid] パレイド				名 パレード
0366 **stamp** [stæmp] スタンプ				名 切手
0367 **worker** [wə́:rkər] ワ～カァ				名 労働者，従業員
0368 **air** [eər] エア				名 空気
0369 **airport** [éərpɔ̀:rt] エアポート				名 空港
0370 **bike** [baik] バイク				名 自転車
0371 **cafeteria** [kæfətí(ə)riə] キャふェティ(ア)リア				名 カフェテリア，食堂
0372 **chance** [tʃæns] チャンス				名 機会，可能性
0373 **circle** [sə́:rkl] サ～クる				名 円
0374 **customer** [kʌ́stəmər] カスタマァ				名 (店などの) 客
0375 **dream** [dri:m] ドゥリーム				名 (将来の) 夢，(睡眠中に見る) 夢
0376 **ear** [iər] イア				名 耳
0377 **exam** [igzǽm] イグザム				名 試験
0378 **fire** [fáiər] ふァイア				名 火，(数えられる名詞で) 火事
0379 **million** [míljən] ミりョン				名 100万
0380 **mountain** [máunt(ə)n] マウントゥン				名 山

記憶から引き出す

意味	ID	単語を書こう
名 切手	0366	
名 高さ，身長	0361	
名 空港	0369	
名 100万	0379	
名 試験	0377	
名 (the ～sで) オリンピック	0364	
名 空気	0368	
名 山	0380	
名 円	0373	
名 労働者，従業員	0367	

意味	ID	単語を書こう
名 パレード	0365	
名 火，(数えられる名詞で) 火事	0378	
名 (将来の) 夢，(睡眠中に見る) 夢	0375	
名 (店などの) 客	0374	
名 ハリケーン	0362	
名 耳	0376	
名 アイスクリーム	0363	
名 機会，可能性	0372	
名 カフェテリア，食堂	0371	
名 自転車	0370	

Unit 18の復習テスト

⇒答えは前Unitを参考に。忘れていたものは，別冊に書き込もう！

意味	ID	単語を書こう
動 (を) 注文する	0349	
動 を盗む	0357	
動 跳ぶ	0347	
動 を破壊する	0341	
動 (食べ物など) を出す	0353	
動 (を) 投げる	0358	
動 を想像する	0345	
動 航海する	0352	
動 を振る，(相手の手) を握る	0354	
動 くつろぐ	0351	

意味	ID	単語を書こう
動 (を) 推測する	0344	
動 (サイズ，型が) に合う	0343	
動 目が覚める	0359	
動 を歓迎する	0360	
動 スノーボードをする	0356	
動 (と) 叫ぶ，どなる	0355	
動 を交換する	0342	
動 を紹介する	0346	
動 を意味する	0348	
動 (を) 押す	0350	

書いて記憶

学習日　　月　　日

単 語	1回目	2回目	3回目	意 味
0381 **page** [peidʒ] ペイヂ				名 ページ
0382 **panda** [pǽndə] パンダ				名 パンダ
0383 **phone** [foun] ふォウン				名 電話
0384 **photo** [fóutou] ふォウトウ				名 写真
0385 **poster** [póustər] ポウスタァ				名 ポスター
0386 **present** [préz(ə)nt] プレズント				名 プレゼント
0387 **problem** [prá(:)bləm] プラ(ー)ブれム				名 問題
0388 **race** [reis] レイス				名 競走，レース
0389 **rule** [ru:l] ルーる				名 規則，ルール
0390 **scarf** [skɑ:rf] スカーふ				名 スカーフ
0391 **star** [stɑ:r] スター				名 星，(テレビなどの)スター
0392 **theater** [θíətər] すィアタァ				名 劇場，映画館
0393 **uniform** [jú:nifɔ:rm] ユーニふォーム				名 ユニフォーム，制服
0394 **wedding** [wédiŋ] ウェディング				名 結婚式
0395 **accident** [ǽksid(ə)nt] アクスィデント				名 事故
0396 **athlete** [ǽθli:t] アすリート				名 スポーツ選手
0397 **bakery** [béik(ə)ri] ベイカリィ				名 パン屋
0398 **bank** [bæŋk] バンク				名 銀行
0399 **bicycle** [báisikl] バイスィクる				名 自転車
0400 **captain** [kǽpt(ə)n] キャプトゥン				名 主将，船長

記憶から引き出す

意 味	ID	単語を書こう
名 劇場，映画館	0392	
名 結婚式	0394	
名 事故	0395	
名 パン屋	0397	
名 自転車	0399	
名 スカーフ	0390	
名 写真	0384	
名 パンダ	0382	
名 規則，ルール	0389	
名 ポスター	0385	

意 味	ID	単語を書こう
名 星，(テレビなどの)スター	0391	
名 プレゼント	0386	
名 銀行	0398	
名 問題	0387	
名 スポーツ選手	0396	
名 ページ	0381	
名 ユニフォーム，制服	0393	
名 電話	0383	
名 主将，船長	0400	
名 競走，レース	0388	

Unit 19の復習テスト

⇒答えは前Unitを参考に。忘れていたものは，別冊に書き込もう！

意 味	ID	単語を書こう
名 火，(数えられる名詞で)火事	0378	
名 カフェテリア，食堂	0371	
名 高さ，身長	0361	
名 山	0380	
名 円	0373	
名 労働者，従業員	0367	
名 100万	0379	
名 機会，可能性	0372	
名 空港	0369	
名 ハリケーン	0362	

意 味	ID	単語を書こう
名 空気	0368	
名 自転車	0370	
名 (将来の)夢，(睡眠中に見る)夢	0375	
名 パレード	0365	
名 (the ～sで)オリンピック	0364	
名 耳	0376	
名 切手	0366	
名 (店などの)客	0374	
名 アイスクリーム	0363	
名 試験	0377	

書いて記憶

学習日　　月　　日

単語	1回目	2回目	3回目	意味
0401 **celebration** [sèləbréiʃ(ə)n] セれブレイション				名 祝い，祝典
0402 **cell phone** [sél foun] せるふォウン				名 携帯電話
0403 **center** [séntər] センタァ				名 中心(地)，センター
0404 **century** [séntʃ(ə)ri] センチュリィ				名 世紀
0405 **child** [tʃaild] チャイるド				名 子ども
0406 **Chinese** [tʃàiní:z] チャイニーズ				名 中国語，中国人
0407 **cloth** [klɔ(:)θ] クろ(ー)す				名 布
0408 **coat** [kout] コウト				名 (衣服の)コート
0409 **dollar** [dá(:)lər] ダ(ー)らァ				名 ドル
0410 **dress** [dres] ドゥレス				名 ドレス

単語	1回目	2回目	3回目	意味
0411 **example** [igzǽmpl] イグザンプる				名 例，実例
0412 **experience** [ikspí(ə)riəns] イクスピ(ア)リエンス				名 経験
0413 **fence** [fens] ふエンス				名 囲い，さく
0414 **German** [dʒə́:rmən] ヂャ～マン				名 ドイツ語，ドイツ人
0415 **grade** [greid] グレイド				名 成績
0416 **grandfather** [grǽn(d)fà:ðər] グラン(ド)ふァーざァ				名 祖父
0417 **hamburger** [hǽmbə:rgər] ハンバ～ガァ				名 ハンバーガー
0418 **hometown** [hòumtáun] ホウムタウン				名 故郷，住み慣れた町
0419 **Internet** [íntərnet] インタァネット				名 インターネット
0420 **line** [lain] らイン				名 列，線

記憶から引き出す

意 味	ID	単語を書こう
名 故郷，住み慣れた町	0418	
名 祖父	0416	
名 囲い，さく	0413	
名 成績	0415	
名 経験	0412	
名 世紀	0404	
名 ドイツ語，ドイツ人	0414	
名 中国語，中国人	0406	
名 インターネット	0419	
名 (衣服の) コート	0408	

意 味	ID	単語を書こう
名 中心(地)，センター	0403	
名 祝い，祝典	0401	
名 携帯電話	0402	
名 列，線	0420	
名 子ども	0405	
名 ドレス	0410	
名 ハンバーガー	0417	
名 例，実例	0411	
名 布	0407	
名 ドル	0409	

Unit 20の復習テスト

⇒答えは前Unitを参考に。忘れていたものは，別冊に書き込もう！

意 味	ID	単語を書こう
名 競走，レース	0388	
名 劇場，映画館	0392	
名 パン屋	0397	
名 事故	0395	
名 パンダ	0382	
名 規則，ルール	0389	
名 ユニフォーム，制服	0393	
名 問題	0387	
名 スカーフ	0390	
名 電話	0383	

意 味	ID	単語を書こう
名 プレゼント	0386	
名 自転車	0399	
名 主将，船長	0400	
名 結婚式	0394	
名 写真	0384	
名 ページ	0381	
名 銀行	0398	
名 星，(テレビなどの) スター	0391	
名 ポスター	0385	
名 スポーツ選手	0396	

書いて記憶

学習日　　月　　日

単語	1回目	2回目	3回目	意味
0421 **living room** [líviŋ ru:m] リヴィング ルーム				名 居間
0422 **locker** [lá(:)kər] ら(ー)カァ				名 ロッカー
0423 **manager** [mǽnidʒər] マネヂャ				名 支配人
0424 **meal** [mi:l] ミーる				名 食事
0425 **museum** [mju(:)zí(:)əm] ミュ(ー)ズィ(ー)アム				名 博物館，美術館
0426 **point** [pɔint] ポイント				名 点
0427 **pollution** [pəlú:ʃ(ə)n] ポるーション				名 汚染
0428 **reason** [rí:z(ə)n] リーズン				名 理由
0429 **recipe** [résəpi] レスィピ				名 調理法，レシピ
0430 **sale** [seil] セイる				名 特売，セール
0431 **sandwich** [sǽn(d)witʃ] サン(ド)ウィッチ				名 サンドイッチ
0432 **science** [sáiəns] サイエンス				名 理科，科学
0433 **secret** [sí:krət] スィークレット				名 秘密
0434 **side** [said] サイド				名 側，側面
0435 **slice** [slais] スらイス				名 (薄切りの)1切れ
0436 **textbook** [tékstbuk] テクストブック				名 教科書
0437 **tool** [tu:l] トゥーる				名 道具
0438 **top** [tɑ(:)p] タ(ー)ップ				名 頂上，上部
0439 **tour** [tuər] トゥア				名 周遊，ツアー
0440 **tourist** [túərəst] トゥリスト				名 旅行客

記憶から引き出す

意味	ID	単語を書こう
名 汚染	0427	
名 支配人	0423	
名 居間	0421	
名 頂上，上部	0438	
名 (薄切りの) 1切れ	0435	
名 理由	0428	
名 ロッカー	0422	
名 食事	0424	
名 理科，科学	0432	
名 調理法，レシピ	0429	

意味	ID	単語を書こう
名 点	0426	
名 秘密	0433	
名 旅行客	0440	
名 博物館，美術館	0425	
名 周遊，ツアー	0439	
名 サンドイッチ	0431	
名 道具	0437	
名 教科書	0436	
名 特売，セール	0430	
名 側，側面	0434	

Unit 21の復習テスト

⇒答えは前Unitを参考に。忘れていたものは，別冊に書き込もう！

意味	ID	単語を書こう
名 成績	0415	
名 中心(地)，センター	0403	
名 中国語，中国人	0406	
名 インターネット	0419	
名 子ども	0405	
名 列，線	0420	
名 携帯電話	0402	
名 例，実例	0411	
名 世紀	0404	
名 経験	0412	

意味	ID	単語を書こう
名 ハンバーガー	0417	
名 布	0407	
名 ドイツ語，ドイツ人	0414	
名 故郷，住み慣れた町	0418	
名 ドレス	0410	
名 祖父	0416	
名 囲い，さく	0413	
名 (衣服の) コート	0408	
名 祝い，祝典	0401	
名 ドル	0409	

書いて記憶

学習日　　月　　日

単語	1回目	2回目	3回目	意味
0441 **wood** [wud] ウッド				名 木材
0442 **actress** [ǽktrəs] アクトゥレス				名 女優
0443 **adventure** [ədvéntʃər] アドヴェンチャ				名 冒険
0444 **alarm** [əlɑ́:rm] アラーム				名 警報，アラーム
0445 **barbecue** [bɑ́:rbikju:] バーベキュー				名 バーベキュー
0446 **bathroom** [bǽθru:m] バスルーム				名 浴室，トイレ
0447 **beginner** [bigínər] ビギナァ				名 初心者
0448 **bottom** [bɑ́(:)təm] バ(ー)トム				名 底
0449 **bridge** [bridʒ] ブリッヂ				名 橋
0450 **coach** [koutʃ] コウチ				名 コーチ，指導者
0451 **comedy** [kɑ́(:)mədi] カ(ー)メディ				名 喜劇，コメディー
0452 **computer** [kəmpjú:tər] コンピュータァ				名 コンピューター
0453 **continent** [kɑ́(:)ntənənt] カ(ー)ンティネント				名 大陸
0454 **course** [kɔ:rs] コース				名 講座，進路
0455 **court** [kɔ:rt] コート				名 (テニスなどの) コート
0456 **decoration** [dèkəréiʃ(ə)n] デコレイション				名 飾り，装飾
0457 **dentist** [déntist] デンティスト				名 歯医者，歯科医
0458 **description** [diskrípʃ(ə)n] ディスクリプション				名 描写，説明
0459 **dessert** [dizə́:rt] ディザ～ト				名 デザート
0460 **dining** [dáiniŋ] ダイニング				名 食事

記憶から引き出す

意味	ID	単語を書こう
名 飾り，装飾	0456	
名 講座，進路	0454	
名 大陸	0453	
名 バーベキュー	0445	
名 コーチ，指導者	0450	
名 橋	0449	
名 底	0448	
名 (テニスなどの)コート	0455	
名 冒険	0443	
名 警報，アラーム	0444	

意味	ID	単語を書こう
名 デザート	0459	
名 喜劇，コメディー	0451	
名 女優	0442	
名 描写，説明	0458	
名 コンピューター	0452	
名 木材	0441	
名 食事	0460	
名 初心者	0447	
名 浴室，トイレ	0446	
名 歯医者，歯科医	0457	

Unit 22の復習テスト

⇒答えは前Unitを参考に。忘れていたものは，別冊に書き込もう！

意味	ID	単語を書こう
名 側，側面	0434	
名 旅行客	0440	
名 サンドイッチ	0431	
名 ロッカー	0422	
名 点	0426	
名 (薄切りの)1切れ	0435	
名 居間	0421	
名 調理法，レシピ	0429	
名 支配人	0423	
名 頂上，上部	0438	

意味	ID	単語を書こう
名 理科，科学	0432	
名 食事	0424	
名 周遊，ツアー	0439	
名 特売，セール	0430	
名 汚染	0427	
名 道具	0437	
名 理由	0428	
名 教科書	0436	
名 博物館，美術館	0425	
名 秘密	0433	

書いて記憶

学習日　　月　　日

単語	1回目	2回目	3回目	意味
0461 **discount** [dískaunt] ディスカウント				名 割引
0462 **doughnut** [dóunʌt] ドウナット				名 ドーナツ
0463 **entrance** [éntr(ə)ns] エントゥランス				名 入り口
0464 **environment** [invái(ə)rənmənt] インヴァイ(ア)ロンメント				名 環境
0465 **fact** [fækt] ふァクト				名 事実
0466 **fruit** [fru:t] ふルート				名 果物
0467 **gate** [geit] ゲイト				名 門
0468 **gift** [gift] ギふト				名 贈り物
0469 **goal** [goul] ゴウる				名 (サッカーなどの) ゴール, 目標
0470 **goldfish** [góuldfiʃ] ゴウるドふィッシ				名 金魚
0471 **headache** [hédeik] ヘデイク				名 頭痛
0472 **health** [helθ] へるす				名 健康
0473 **hill** [hil] ヒる				名 丘, (低い) 山
0474 **hobby** [há(:)bi] ハ(ー)ビィ				名 趣味
0475 **homestay** [hóumstei] ホウムステイ				名 ホームステイ
0476 **jeans** [dʒi:nz] ヂーンズ				名 (複数形で) ジーンズ
0477 **key** [ki:] キー				名 かぎ
0478 **kid** [kid] キッド				名 子ども
0479 **kilogram** [kíləgræm] キろグラム				名 キログラム
0480 **kitchen** [kítʃ(ə)n] キチン				名 台所

記憶から引き出す

意 味	ID	単語を書こう
名 頭痛	0471	
名 (サッカーなどの)ゴール，目標	0469	
名 丘，(低い)山	0473	
名 (複数形で)ジーンズ	0476	
名 趣味	0474	
名 割引	0461	
名 果物	0466	
名 門	0467	
名 金魚	0470	
名 子ども	0478	

意 味	ID	単語を書こう
名 キログラム	0479	
名 健康	0472	
名 事実	0465	
名 台所	0480	
名 ホームステイ	0475	
名 贈り物	0468	
名 入り口	0463	
名 環境	0464	
名 ドーナツ	0462	
名 かぎ	0477	

Unit 23の復習テスト

⇒答えは前Unitを参考に。忘れていたものは，別冊に書き込もう！

意 味	ID	単語を書こう
名 (テニスなどの)コート	0455	
名 バーベキュー	0445	
名 喜劇，コメディー	0451	
名 描写，説明	0458	
名 食事	0460	
名 講座，進路	0454	
名 木材	0441	
名 大陸	0453	
名 冒険	0443	
名 コーチ，指導者	0450	

意 味	ID	単語を書こう
名 底	0448	
名 デザート	0459	
名 飾り，装飾	0456	
名 橋	0449	
名 歯医者，歯科医	0457	
名 警報，アラーム	0444	
名 初心者	0447	
名 コンピューター	0452	
名 浴室，トイレ	0446	
名 女優	0442	

書いて記憶

学習日　　月　　日

単語	1回目	2回目	3回目	意味
0481 **land** [lænd] らンド				名 陸，土地
0482 **language** [lǽŋgwidʒ] らングウェッヂ				名 言語
0483 **law** [lɔː] ろー				名 法律
0484 **librarian** [laibré(ə)riən] らイブレ(ア)リアン				名 図書館員
0485 **mark** [mɑːrk] マーク				名 印，しみ
0486 **mayor** [méiər] メイア				名 市長
0487 **meat** [miːt] ミート				名 肉
0488 **medal** [méd(ə)l] メドゥる				名 メダル
0489 **necklace** [nékləs] ネクれス				名 ネックレス
0490 **nurse** [nəːrs] ナ～ス				名 看護師
0491 **painting** [péintiŋ] ペインティング				名 絵，絵を描くこと
0492 **pancake** [pǽnkeik] パンケイク				名 パンケーキ
0493 **price** [prais] プライス				名 価格
0494 **project** [prá(ː)dʒekt] プラ(ー)ヂェクト				名 計画，事業
0495 **promise** [prá(ː)məs] プラ(ー)ミス				名 約束
0496 **queen** [kwiːn] クウィーン				名 女王
0497 **rest** [rest] レスト				名 休息
0498 **rock** [rɑ(ː)k] ラ(ー)ック				名 ロック(音楽)，岩
0499 **schoolwork** [skúːlwəːrk] スクーるワ～ク				名 学校の勉強
0500 **science fiction** [sàiəns fíkʃ(ə)n] サイエンス ふィクション				名 空想科学小説，SF

記憶から引き出す

意 味	ID	単語を書こう
名 絵，絵を描くこと	0491	
名 約束	0495	
名 肉	0487	
名 休息	0497	
名 空想科学小説，SF	0500	
名 女王	0496	
名 ネックレス	0489	
名 陸，土地	0481	
名 メダル	0488	
名 言語	0482	

意 味	ID	単語を書こう
名 価格	0493	
名 図書館員	0484	
名 パンケーキ	0492	
名 学校の勉強	0499	
名 ロック（音楽），岩	0498	
名 看護師	0490	
名 印，しみ	0485	
名 法律	0483	
名 市長	0486	
名 計画，事業	0494	

Unit 24の復習テスト

⇒答えは前Unitを参考に。忘れていたものは，別冊に書き込もう！

意 味	ID	単語を書こう
名 割引	0461	
名 金魚	0470	
名 キログラム	0479	
名 （サッカーなどの）ゴール，目標	0469	
名 （複数形で）ジーンズ	0476	
名 ホームステイ	0475	
名 贈り物	0468	
名 門	0467	
名 台所	0480	
名 健康	0472	

意 味	ID	単語を書こう
名 果物	0466	
名 ドーナツ	0462	
名 事実	0465	
名 入り口	0463	
名 頭痛	0471	
名 子ども	0478	
名 環境	0464	
名 趣味	0474	
名 かぎ	0477	
名 丘，（低い）山	0473	

書いて記憶

学習日　　月　　日

単語	1回目	2回目	3回目	意味
0501 **section** [sékʃ(ə)n] セクション				名 区域，部門
0502 **sentence** [sént(ə)ns] センテンス				名 文
0503 **sign** [sain] サイン				名 看板，掲示
0504 **sir** [səːr] サ～				名 (男性に対して) お客様，先生
0505 **snack** [snæk] スナック				名 軽い食事，おやつ
0506 **stew** [stuː] ストゥー				名 シチュー
0507 **sweater** [swétər] スウェタァ				名 セーター
0508 **system** [sístəm] スィステム				名 制度，体制
0509 **telephone** [téləfoun] テれふォウン				名 電話
0510 **thousand** [θáuz(ə)nd] さウザンド				名 1000
0511 **trick** [trik] トゥリック				名 芸当，いたずら
0512 **type** [taip] タイプ				名 型
0513 **view** [vjuː] ヴュー				名 ながめ
0514 **village** [vílidʒ] ヴィれッヂ				名 村
0515 **waiter** [wéitər] ウェイタァ				名 ウエーター
0516 **wallet** [wá(ː)lət] ワ(ー)れット				名 財布
0517 **bottle** [bá(ː)tl] バ(ー)トゥる				名 びん
0518 **classmate** [klǽsmeit] クらスメイト				名 同級生，クラスメート
0519 **classroom** [klǽsruːm] クらスルーム				名 教室
0520 **meter** [míːtər] ミータァ				名 メートル

記憶から引き出す

意 味	ID	単語を書こう
名 財布	0516	
名 看板，掲示	0503	
名 教室	0519	
名 シチュー	0506	
名 メートル	0520	
名 1000	0510	
名 びん	0517	
名 (男性に対して) お客様，先生	0504	
名 芸当，いたずら	0511	
名 制度，体制	0508	

意 味	ID	単語を書こう
名 同級生，クラスメート	0518	
名 文	0502	
名 村	0514	
名 電話	0509	
名 ながめ	0513	
名 型	0512	
名 セーター	0507	
名 ウエーター	0515	
名 軽い食事，おやつ	0505	
名 区域，部門	0501	

単語編

でる度 B

0501～0520

Unit 25の復習テスト

⇒答えは前Unitを参考に。忘れていたものは，別冊に書き込もう！

意 味	ID	単語を書こう
名 メダル	0488	
名 陸，土地	0481	
名 ネックレス	0489	
名 学校の勉強	0499	
名 空想科学小説，SF	0500	
名 法律	0483	
名 言語	0482	
名 看護師	0490	
名 休息	0497	
名 市長	0486	

意 味	ID	単語を書こう
名 印，しみ	0485	
名 図書館員	0484	
名 絵，絵を描くこと	0491	
名 ロック (音楽)，岩	0498	
名 価格	0493	
名 計画，事業	0494	
名 約束	0495	
名 パンケーキ	0492	
名 肉	0487	
名 女王	0496	

書いて記憶

学習日　　月　　日

単語	1回目	2回目	3回目	意味
0521 **video** [vídiou] ヴィディオウ				名 ビデオ
0522 **national** [nǽʃ(ə)n(ə)l] ナショヌる				形 国民の，国家の
0523 **crowded** [kráudid] クラウディッド				形 混雑した
0524 **daily** [déili] デイりィ				形 毎日の，日常の
0525 **excited** [iksáitid] イクサイティッド				形 (人が)わくわくした
0526 **female** [fíːmeil] ふィーメイる				形 女性の
0527 **junior** [dʒúːnjər] ヂューニャ				形 年下の，下級の
0528 **loud** [laud] らウド				形 (声・音が)大きい
0529 **male** [meil] メイる				形 男性の
0530 **possible** [pá(ː)səbl] パ(ー)スィブる				形 可能な
0531 **sad** [sæd] サッド				形 悲しい
0532 **such** [sʌtʃ] サッチ				形 そのような，このような
0533 **easy** [íːzi] イーズィ				形 簡単な
0534 **expensive** [ikspénsiv] イクスペンスィヴ				形 高価な
0535 **fast** [fæst] ふァスト				形 速い
0536 **few** [fjuː] ふュー				形 (a few ～で)2,3の～，(few ～で)ほとんど～ない
0537 **full** [ful] ふる				形 いっぱいの，満腹で
0538 **half** [hæf] ハふ				形 半分の
0539 **heavy** [hévi] ヘヴィ				形 重い，激しい
0540 **homesick** [hóumsik] ホウムスィック				形 ホームシックの

記憶から引き出す

意 味	ID	単語を書こう
名 ビデオ	0521	
形 男性の	0529	
形 毎日の，日常の	0524	
形 簡単な	0533	
形 そのような，このような	0532	
形 混雑した	0523	
形 国民の，国家の	0522	
形 可能な	0530	
形 女性の	0526	
形 速い	0535	

意 味	ID	単語を書こう
形 重い，激しい	0539	
形 悲しい	0531	
形 (a ___ ～で)2，3の～，(___ ～で)ほとんど～ない	0536	
形 高価な	0534	
形 年下の，下級の	0527	
形 ホームシックの	0540	
形 (人が)わくわくした	0525	
形 半分の	0538	
形 いっぱいの，満腹で	0537	
形 (声・音が)大きい	0528	

Unit 26の復習テスト

⇒答えは前Unitを参考に。忘れていたものは，別冊に書き込もう！

意 味	ID	単語を書こう
名 1000	0510	
名 ウエーター	0515	
名 文	0502	
名 区域，部門	0501	
名 びん	0517	
名 電話	0509	
名 看板，掲示	0503	
名 (男性に対して)お客様，先生	0504	
名 村	0514	
名 制度，体制	0508	

意 味	ID	単語を書こう
名 財布	0516	
名 型	0512	
名 シチュー	0506	
名 セーター	0507	
名 メートル	0520	
名 芸当，いたずら	0511	
名 軽い食事，おやつ	0505	
名 ながめ	0513	
名 教室	0519	
名 同級生，クラスメート	0518	

書いて記憶

学習日　月　日

単語	1回目	2回目	3回目	意味
0541 **own** [oun] オウン				形 自分自身の
0542 **shy** [ʃai] シャイ				形 内気な
0543 **silent** [sáilənt] サイれント				形 静かな，無音の
0544 **true** [truː] トゥルー				形 本当の
0545 **wonderful** [wʌ́ndərf(ə)l] ワンダふる				形 すばらしい
0546 **absent** [ǽbs(ə)nt] アブセント				形 (学校などを) 欠席して
0547 **boring** [bɔ́ːriŋ] ボーリング				形 退屈な
0548 **broken** [bróuk(ə)n] ブロウクン				形 壊れた
0549 **cheap** [tʃiːp] チープ				形 安い，安っぽい
0550 **cloudy** [kláudi] クらウディ				形 曇った

単語	1回目	2回目	3回目	意味
0551 **dangerous** [déindʒ(ə)rəs] デインヂャラス				形 危険な
0552 **deep** [diːp] ディープ				形 深い
0553 **elementary** [èlimént(ə)ri] エれメンタリィ				形 初級の
0554 **enjoyable** [indʒɔ́iəbl] インヂョイアブる				形 楽しい
0555 **familiar** [fəmíljər] ふァミりャ				形 見慣れた，聞き慣れた
0556 **fresh** [freʃ] ふレッシ				形 新鮮な
0557 **funny** [fʌ́ni] ふァニィ				形 おかしい，こっけいな
0558 **human** [hjúːmən] ヒューマン				形 人間の，人類の
0559 **less** [les] れス				形 (little の比較級) より少ない
0560 **narrow** [nǽrou] ナロウ				形 (幅が) 狭い

記憶から引き出す

意味	ID	単語を書こう
形 見慣れた，聞き慣れた	0555	
形 楽しい	0554	
形 (littleの比較級)より少ない	0559	
形 (幅が)狭い	0560	
形 (学校などを)欠席して	0546	
形 内気な	0542	
形 危険な	0551	
形 安い，安っぽい	0549	
形 すばらしい	0545	
形 本当の	0544	

意味	ID	単語を書こう
形 人間の，人類の	0558	
形 新鮮な	0556	
形 深い	0552	
形 壊れた	0548	
形 おかしい，こっけいな	0557	
形 退屈な	0547	
形 曇った	0550	
形 静かな，無音の	0543	
形 初級の	0553	
形 自分自身の	0541	

単語編

でる度B

0541～0560

Unit 27の復習テスト

⇒答えは前Unitを参考に。忘れていたものは，別冊に書き込もう！

意味	ID	単語を書こう
形 重い，激しい	0539	
形 ホームシックの	0540	
形 男性の	0529	
形 混雑した	0523	
形 年下の，下級の	0527	
形 (声・音が)大きい	0528	
形 半分の	0538	
名 ビデオ	0521	
形 高価な	0534	
形 そのような，このような	0532	

意味	ID	単語を書こう
形 簡単な	0533	
形 悲しい	0531	
形 (a ___ ～で)2，3の～，(___ ～で)ほとんど～ない	0536	
形 国民の，国家の	0522	
形 いっぱいの，満腹で	0537	
形 速い	0535	
形 可能な	0530	
形 毎日の，日常の	0524	
形 女性の	0526	
形 (人が)わくわくした	0525	

書いて記憶

学習日　　　月　　　日

単 語	1回目	2回目	3回目	意 味
0561 **perfect** [pə́ːrfikt] パ～ふェクト				形 完全な
0562 **poor** [puər] プア				形 貧しい，へたな，かわいそうな
0563 **public** [pʌ́blik] パブリック				形 公の
0564 **smart** [smɑːrt] スマート				形 利口な
0565 **usual** [júːʒu(ə)l] ユージュ(ア)る				形 いつもの，ふつうの
0566 **wide** [waid] ワイド				形 (幅が)広い
0567 **short** [ʃɔːrt] ショート				形 短い，背の低い
0568 **sunny** [sʌ́ni] サニィ				形 晴れた
0569 **alone** [əlóun] アろウン				副 1人で
0570 **anymore** [ènimɔ́ːr] エニモー				副 (否定文で)これ以上(～ない)
0571 **else** [els] エるス				副 そのほかに
0572 **finally** [fáin(ə)li] ふァイナりィ				副 ついに，最後に
0573 **maybe** [méibi(ː)] メイビ(ー)				副 もしかすると，たぶん
0574 **almost** [ɔ́ːlmoust] オーるモウスト				副 ほとんど
0575 **easily** [íːzili] イーズィりィ				副 簡単に，容易に
0576 **either** [íːðər] イーざァ				副 (否定文で)～もまた(…ない)
0577 **especially** [ispéʃ(ə)li] イスペシャりィ				副 特に
0578 **inside** [insáid] インサイド				副 内(側)に[で，へ]，屋内に
0579 **pretty** [príti] プリティ				副 とても，かなり
0580 **sincerely** [sinsíərli] スィンスィアりィ				副 (手紙の結びで)敬具

記憶から引き出す

意味	ID	単語を書こう
形 公の	0563	
副 そのほかに	0571	
形 貧しい，へたな，かわいそうな	0562	
副 特に	0577	
形 晴れた	0568	
副 ついに，最後に	0572	
副 (否定文で) これ以上 (～ない)	0570	
副 内(側)に[で，へ]，屋内に	0578	
副 (手紙の結びで) 敬具	0580	
形 短い，背の低い	0567	

意味	ID	単語を書こう
形 (幅が) 広い	0566	
副 もしかすると，たぶん	0573	
副 とても，かなり	0579	
形 いつもの，ふつうの	0565	
副 ほとんど	0574	
副 1人で	0569	
副 簡単に，容易に	0575	
形 完全な	0561	
副 (否定文で) ～もまた (…ない)	0576	
形 利口な	0564	

Unit 28の復習テスト

⇒答えは前Unitを参考に。忘れていたものは，別冊に書き込もう！

意味	ID	単語を書こう
形 静かな，無音の	0543	
形 (学校などを) 欠席して	0546	
形 自分自身の	0541	
形 おかしい，こっけいな	0557	
形 内気な	0542	
形 新鮮な	0556	
形 楽しい	0554	
形 危険な	0551	
形 曇った	0550	
形 人間の，人類の	0558	

意味	ID	単語を書こう
形 退屈な	0547	
形 深い	0552	
形 見慣れた，聞き慣れた	0555	
形 (幅が) 狭い	0560	
形 すばらしい	0545	
形 壊れた	0548	
形 安い，安っぽい	0549	
形 本当の	0544	
形 初級の	0553	
形 (littleの比較級) より少ない	0559	

書いて記憶

学習日　　月　　日

単語	1回目	2回目	3回目	意味
0581 **sometimes** [sʌ́mtaimz] サムタイムズ				[副] ときどき
0582 **twice** [twais] トゥワイス				[副] 2度
0583 **abroad** [əbrɔ́:d] アブロード				[副] 海外へ[で]
0584 **ahead** [əhéd] アヘッド				[副] 前方に
0585 **cheaply** [tʃí:pli] チープリィ				[副] 安く
0586 **luckily** [lʌ́kili] らキりィ				[副] 幸運にも
0587 **someday** [sʌ́mdei] サムデイ				[副] (未来の)いつか
0588 **straight** [streit] ストゥレイト				[副] まっすぐに
0589 **suddenly** [sʌ́d(ə)nli] サドゥンりィ				[副] 突然に
0590 **along** [əlɔ́(:)ŋ] アろ(ー)ング				[前] に沿って
0591 **beside** [bisáid] ビサイド				[前] のそばに，の横に
0592 **against** [əgénst] アゲンスト				[前] に対して，に反対して
0593 **behind** [biháind] ビハインド				[前] の後ろに
0594 **without** [wiðáut] ウィざウト				[前] ～なしで，を持たずに
0595 **anything** [éniθiŋ] エニすィング				[代] (疑問文で)何か，(否定文で)何も(～ない)
0596 **both** [bouθ] ボウす				[代] (2者について)両方とも
0597 **something** [sʌ́mθiŋ] サムすィング				[代] 何か
0598 **herself** [hə:rsélf] ハ～せるふ				[代] 彼女自身を[に]
0599 **nothing** [nʌ́θiŋ] ナッすィング				[代] 何も～ない
0600 **someone** [sʌ́mwʌn] サムワン				[代] だれか

記憶から引き出す

意 味	ID	単語を書こう
副 2度	0582	
前 のそばに，の横に	0591	
前 に沿って	0590	
代 (2者について)両方とも	0596	
前 に対して，に反対して	0592	
前 の後ろに	0593	
代 だれか	0600	
前 ～なしで，を持たずに	0594	
副 まっすぐに	0588	
代 (疑問文で)何か，(否定文で)何も(～ない)	0595	

意 味	ID	単語を書こう
副 ときどき	0581	
副 海外へ[で]	0583	
代 彼女自身を[に]	0598	
副 突然に	0589	
代 何も～ない	0599	
副 安く	0585	
副 (未来の)いつか	0587	
副 前方に	0584	
副 幸運にも	0586	
代 何か	0597	

Unit 29の復習テスト

⇒答えは前Unitを参考に。忘れていたものは，別冊に書き込もう！

意 味	ID	単語を書こう
副 もしかすると，たぶん	0573	
形 完全な	0561	
副 ついに，最後に	0572	
副 ほとんど	0574	
副 簡単に，容易に	0575	
副 とても，かなり	0579	
形 いつもの，ふつうの	0565	
副 (手紙の結びで)敬具	0580	
副 そのほかに	0571	
形 公の	0563	

意 味	ID	単語を書こう
副 内(側)に[で，へ]，屋内に	0578	
形 利口な	0564	
副 1人で	0569	
副 (否定文で)これ以上(～ない)	0570	
形 短い，背の低い	0567	
形 (幅が)広い	0566	
形 貧しい，へたな，かわいそうな	0562	
形 晴れた	0568	
副 (否定文で)～もまた(…ない)	0576	
副 特に	0577	

Unit 30の復習テスト

⇒答えは前Unitを参考に。忘れていたものは，別冊に書き込もう！

意味	ID	単語を書こう
副 ときどき	0581	
代 だれか	0600	
代 彼女自身を［に］	0598	
副 （未来の）いつか	0587	
副 安く	0585	
前 のそばに，の横に	0591	
副 まっすぐに	0588	
代 （2者について）両方とも	0596	
副 海外へ［で］	0583	
副 前方に	0584	

意味	ID	単語を書こう
前 の後ろに	0593	
副 突然に	0589	
代 （疑問文で）何か，（否定文で）何も（～ない）	0595	
副 幸運にも	0586	
前 ～なしで，を持たずに	0594	
副 2度	0582	
代 何も～ない	0599	
前 に沿って	0590	
代 何か	0597	
前 に対して，に反対して	0592	

単語編

でる度 C 差がつく応用単語 300

Unit 31
〜
Unit 45

書いて記憶

学習日　　月　　日

単語	1回目	2回目	3回目	意味
0601 **attend** [əténd] アテンド				動 に出席する
0602 **cancel** [kǽns(ə)l] キャンセる				動 を取り消す
0603 **climb** [klaim] クらイム				動 (に)登る
0604 **cut** [kʌt] カット				動 を切る
0605 **design** [dizáin] ディザイン				動 をデザインする
0606 **hang** [hæŋ] ハング				動 を掛ける
0607 **knock** [nɑ(:)k] ナ(ー)ック				動 ノックする
0608 **let** [let] れット				動 に～させる
0609 **oversleep** [òuvərslí:p] オウヴァスりープ				動 寝過ごす
0610 **prepare** [pripéər] プリペア				動 準備する
0611 **raise** [reiz] レイズ				動 を上げる，を育てる
0612 **repeat** [ripí:t] リピート				動 (を)繰り返す
0613 **rise** [raiz] ライズ				動 (太陽，月などが)昇る，上がる
0614 **seem** [si:m] スィーム				動 のように思われる
0615 **smile** [smail] スマイる				動 ほほえむ
0616 **touch** [tʌtʃ] タッチ				動 に触る
0617 **wonder** [wʌ́ndər] ワンダァ				動 ～だろうかと思う
0618 **act** [ækt] アクト				動 (を)演じる，行動する
0619 **add** [æd] アッド				動 を加える
0620 **appear** [əpíər] アピア				動 現れる

記憶から引き出す

意味	ID	単語を書こう
動 寝過ごす	0609	
動 を掛ける	0606	
動 ～だろうかと思う	0617	
動 を上げる，を育てる	0611	
動 ノックする	0607	
動 に～させる	0608	
動 に触る	0616	
動 (を)繰り返す	0612	
動 を切る	0604	
動 (に)登る	0603	

意味	ID	単語を書こう
動 を取り消す	0602	
動 を加える	0619	
動 をデザインする	0605	
動 現れる	0620	
動 に出席する	0601	
動 のように思われる	0614	
動 (太陽，月などが)昇る，上がる	0613	
動 準備する	0610	
動 (を)演じる，行動する	0618	
動 ほほえむ	0615	

書いて記憶

学習日　　月　　日

単語	1回目	2回目	3回目	意味
0621 **arrest** [ərést] アレスト				動 を逮捕する
0622 **boil** [bɔil] ボイル				動 をゆでる
0623 **burn** [bəːrn] バ〜ン				動 燃える，を燃やす
0624 **cause** [kɔːz] コーズ				動 を引き起こす，の原因となる
0625 **cheer** [tʃiər] チア				動 を元気づける
0626 **communicate** [kəmjúːnikeit] コミューニケイト				動 意思を通じ合わす，を伝える
0627 **control** [kəntróul] コントゥロウる				動 を制御する
0628 **decorate** [dékəreit] デコレイト				動 を飾る，を装飾する
0629 **direct** [dərékt] ディレクト				動 を監督する
0630 **disappear** [dìsəpíər] ディサピア				動 存在しなくなる

単語	1回目	2回目	3回目	意味
0631 **discover** [diskʌ́vər] ディスカヴァ				動 を発見する
0632 **escape** [iskéip] イスケイプ				動 逃げる
0633 **explain** [ikspléin] イクスプれイン				動 (を)説明する
0634 **express** [iksprés] イクスプレス				動 を表現する
0635 **fail** [feil] ふェイル				動 (試験)に落ちる，失敗する
0636 **feed** [fiːd] ふィード				動 に食べ物を与える
0637 **fix** [fiks] ふィックス				動 を修理する
0638 **fold** [fould] ふォウるド				動 を折り畳む
0639 **greet** [griːt] グリート				動 にあいさつする
0640 **hide** [haid] ハイド				動 隠れる，を隠す

記憶から引き出す

意味	ID	単語を書こう
動 に食べ物を与える	0636	
動 を引き起こす，の原因となる	0624	
動 を表現する	0634	
動 を飾る，を装飾する	0628	
動 (試験)に落ちる，失敗する	0635	
動 逃げる	0632	
動 意思を通じ合わす，を伝える	0626	
動 を監督する	0629	
動 (を)説明する	0633	
動 を元気づける	0625	

意味	ID	単語を書こう
動 燃える，を燃やす	0623	
動 を発見する	0631	
動 にあいさつする	0639	
動 をゆでる	0622	
動 を折り畳む	0638	
動 を制御する	0627	
動 存在しなくなる	0630	
動 隠れる，を隠す	0640	
動 を逮捕する	0621	
動 を修理する	0637	

Unit 31の復習テスト

⇒答えは前Unitを参考に。忘れていたものは，別冊に書き込もう！

意味	ID	単語を書こう
動 準備する	0610	
動 (を)繰り返す	0612	
動 を掛ける	0606	
動 に出席する	0601	
動 ほほえむ	0615	
動 (太陽，月などが)昇る，上がる	0613	
動 (に)登る	0603	
動 ～だろうかと思う	0617	
動 を取り消す	0602	
動 のように思われる	0614	

意味	ID	単語を書こう
動 に～させる	0608	
動 を切る	0604	
動 寝過ごす	0609	
動 に触る	0616	
動 現れる	0620	
動 を上げる，を育てる	0611	
動 を加える	0619	
動 ノックする	0607	
動 をデザインする	0605	
動 (を)演じる，行動する	0618	

書いて記憶

学習日　　月　　日

単語	1回目	2回目	3回目	意味
0641 **hike** [haik] ハイク				動 ハイキングをする
0642 **hunt** [hʌnt] ハント				動 (の)狩りをする
0643 **impress** [imprés] インプレス				動 に印象づける，に感銘を与える
0644 **injure** [índʒər] インヂャ				動 にけがをさせる
0645 **interview** [íntərvju:] インタヴュー				動 にインタビューする
0646 **judge** [dʒʌdʒ] ヂャッヂ				動 (を)判断する
0647 **laugh** [læf] らふ				動 笑う
0648 **lay** [lei] れイ				動 (卵)を産む，を横たえる
0649 **lead** [li:d] リード				動 を導く
0650 **marry** [méri] メリィ				動 (と)結婚する
0651 **mix** [miks] ミックス				動 を混ぜる，混ざる
0652 **offer** [ɔ́(:)fər] オ(ー)ふァ				動 を提供する
0653 **produce** [prədú:s] プロドゥース				動 を生産する
0654 **pull** [pul] プる				動 (を)引く
0655 **realize** [rí(:)əlaiz] リ(ー)アらイズ				動 と気づく
0656 **record** [rikɔ́:rd] リコード				動 を録画［録音］する，を記録する
0657 **recycle** [rì:sáikl] リーサイクる				動 を再利用する
0658 **shine** [ʃain] シャイン				動 輝く
0659 **shock** [ʃɑ(:)k] シャ(ー)ック				動 にショックを与える
0660 **shoot** [ʃu:t] シュート				動 (弾丸・矢で)(を)撃つ

記憶から引き出す

意味	ID	単語を書こう
動 (卵)を産む，を横たえる	0648	
動 笑う	0647	
動 輝く	0658	
動 を再利用する	0657	
動 (を)判断する	0646	
動 (の)狩りをする	0642	
動 を提供する	0652	
動 に印象づける，に感銘を与える	0643	
動 と気づく	0655	
動 にインタビューする	0645	

意味	ID	単語を書こう
動 にショックを与える	0659	
動 にけがをさせる	0644	
動 ハイキングをする	0641	
動 (と)結婚する	0650	
動 を録画[録音]する，を記録する	0656	
動 を混ぜる，混ざる	0651	
動 (弾丸・矢で)(を)撃つ	0660	
動 を生産する	0653	
動 を導く	0649	
動 (を)引く	0654	

Unit 32の復習テスト

⇒答えは前Unitを参考に。忘れていたものは，別冊に書き込もう！

意味	ID	単語を書こう
動 を制御する	0627	
動 を発見する	0631	
動 (を)説明する	0633	
動 を折り畳む	0638	
動 逃げる	0632	
動 隠れる，を隠す	0640	
動 (試験)に落ちる，失敗する	0635	
動 を元気づける	0625	
動 を逮捕する	0621	
動 意思を通じ合わす，を伝える	0626	

意味	ID	単語を書こう
動 を引き起こす，の原因となる	0624	
動 を監督する	0629	
動 をゆでる	0622	
動 を表現する	0634	
動 燃える，を燃やす	0623	
動 を修理する	0637	
動 存在しなくなる	0630	
動 に食べ物を与える	0636	
動 を飾る，を装飾する	0628	
動 にあいさつする	0639	

書いて記憶

学習日　　月　　日

単語	1回目	2回目	3回目	意味
0661 **smoke** [smouk] スモウク				動 タバコを吸う
0662 **solve** [sɑ(:)lv] サ(ー)るヴ				動 を解く
0663 **spell** [spel] スペる				動 をつづる
0664 **support** [səpɔ́:rt] サポート				動 を支える，を支援する
0665 **survive** [sərváiv] サヴァイヴ				動 (を)生き残る
0666 **waste** [weist] ウェイスト				動 を無駄に使う
0667 **wish** [wiʃ] ウィッシ				動 (を)望む
0668 **activity** [æktívəti] アクティヴィティ				名 活動
0669 **address** [ədrés] アドゥレス				名 住所，(メールの)アドレス
0670 **adult** [ədʌ́lt] アダるト				名 大人
0671 **age** [eidʒ] エイヂ				名 年齢
0672 **apartment** [əpɑ́:rtmənt] アパートメント				名 アパート
0673 **aquarium** [əkwé(ə)riəm] アクウェ(ア)リアム				名 水族館
0674 **arm** [ɑ:rm] アーム				名 腕
0675 **basket** [bǽskət] バスケット				名 かご
0676 **battle** [bǽtl] バトゥる				名 戦い
0677 **block** [blɑ(:)k] ブら(ー)ック				名 (街の)1区画
0678 **body** [bɑ́(:)di] バ(ー)ディ				名 体
0679 **business** [bíznəs] ビズネス				名 仕事，商売
0680 **button** [bʌ́t(ə)n] バトゥン				名 押しボタン，(服の)ボタン

記憶から引き出す

意味	ID	単語を書こう
名 (街の)1区画	0677	
動 をつづる	0663	
名 体	0678	
名 活動	0668	
名 水族館	0673	
名 年齢	0671	
動 を支える，を支援する	0664	
名 仕事，商売	0679	
名 押しボタン，(服の)ボタン	0680	
動 を解く	0662	

意味	ID	単語を書こう
動 を無駄に使う	0666	
名 腕	0674	
名 アパート	0672	
名 かご	0675	
動 タバコを吸う	0661	
名 住所，(メールの)アドレス	0669	
動 (を)望む	0667	
名 戦い	0676	
名 大人	0670	
動 (を)生き残る	0665	

Unit 33の復習テスト

⇒答えは前Unitを参考に。忘れていたものは，別冊に書き込もう！

意味	ID	単語を書こう
動 (を)引く	0654	
動 を再利用する	0657	
動 に印象づける，に感銘を与える	0643	
動 にショックを与える	0659	
動 を録画［録音］する，を記録する	0656	
動 (と)結婚する	0650	
動 輝く	0658	
動 を混ぜる，混ざる	0651	
動 (弾丸・矢で)(を)撃つ	0660	
動 にけがをさせる	0644	

意味	ID	単語を書こう
動 を導く	0649	
動 を生産する	0653	
動 (卵)を産む，を横たえる	0648	
動 (を)判断する	0646	
動 にインタビューする	0645	
動 を提供する	0652	
動 と気づく	0655	
動 笑う	0647	
動 (の)狩りをする	0642	
動 ハイキングをする	0641	

書いて記憶

学習日　　月　　日

単語	1回目	2回目	3回目	意味
0681 **ceiling** [síːliŋ] スィーリング				名 天井
0682 **centimeter** [séntəmìːtər] センティミータァ				名 センチメートル
0683 **ceremony** [sérəmouni] セレモウニィ				名 儀式
0684 **chef** [ʃef] シェふ				名 シェフ，コック長
0685 **closet** [klá(ː)zət] クら(ー)ゼット				名 押し入れ，戸棚
0686 **corner** [kɔ́ːrnər] コーナァ				名 角
0687 **costume** [ká(ː)stuːm] カ(ー)ストゥーム				名 衣装
0688 **custom** [kʌ́stəm] カスタム				名 慣習
0689 **department store** [dipáːrtmənt stɔːr] ディパートメント ストー				名 デパート
0690 **difference** [dif(ə)r(ə)ns] ディふ(ァ)レンス				名 違い
0691 **director** [dəréktər] ディレクタァ				名 (映画などの)監督
0692 **drugstore** [drʌ́gstɔːr] ドゥラグストー				名 ドラッグストア，薬局
0693 **fever** [fíːvər] ふィーヴァ				名 (病気の)熱
0694 **field** [fiːld] ふィーるド				名 野原，田畑
0695 **figure** [fígjər] ふィギャ				名 図
0696 **flight** [flait] ふらイト				名 飛行機の便，飛行
0697 **furniture** [fə́ːrnitʃər] ふァ〜ニチャ				名 家具
0698 **garbage** [gáːrbidʒ] ガービヂ				名 ごみ
0699 **grandson** [grǽn(d)sʌn] グラン(ド)サン				名 孫息子
0700 **grass** [græs] グラス				名 草，芝生

記憶から引き出す

意 味	ID	単語を書こう
名 草，芝生	0700	
名 ごみ	0698	
名 野原，田畑	0694	
名 違い	0690	
名 家具	0697	
名 角	0686	
名 天井	0681	
名 儀式	0683	
名 (病気の)熱	0693	
名 ドラッグストア，薬局	0692	

意 味	ID	単語を書こう
名 デパート	0689	
名 孫息子	0699	
名 押し入れ，戸棚	0685	
名 (映画などの)監督	0691	
名 飛行機の便，飛行	0696	
名 シェフ，コック長	0684	
名 衣装	0687	
名 センチメートル	0682	
名 図	0695	
名 慣習	0688	

単語編
でる度 C
0681 ～ 0700

Unit 34の復習テスト

⇒答えは前Unitを参考に。忘れていたものは，別冊に書き込もう！

意 味	ID	単語を書こう
動 をつづる	0663	
動 タバコを吸う	0661	
名 住所，(メールの)アドレス	0669	
名 仕事，商売	0679	
名 アパート	0672	
動 を支える，を支援する	0664	
動 (を)生き残る	0665	
名 かご	0675	
名 体	0678	
名 腕	0674	

意 味	ID	単語を書こう
名 大人	0670	
名 戦い	0676	
名 (街の)1区画	0677	
名 押しボタン，(服の)ボタン	0680	
名 活動	0668	
名 水族館	0673	
動 を無駄に使う	0666	
動 (を)望む	0667	
動 を解く	0662	
名 年齢	0671	

書いて記憶

学習日　　月　　日

単語	1回目	2回目	3回目	意味
0701 **guide** [gaid] ガイド				名 案内人，ガイド
0702 **hallway** [hɔ́:lwei] ホーるウェイ				名 廊下
0703 **hero** [hí:rou] ヒーロウ				名 英雄，(男性の)主人公
0704 **holiday** [há(:)lədei] ハ(ー)りデイ				名 休日，祝日
0705 **horizon** [həráiz(ə)n] ホライズン				名 地平線，水平線
0706 **illness** [ílnəs] イるネス				名 病気
0707 **list** [list] リスト				名 一覧表，リスト
0708 **memory** [mém(ə)ri] メモリィ				名 思い出
0709 **middle** [mídl] ミドゥる				名 真ん中
0710 **midnight** [mídnait] ミッドナイト				名 (深夜の)12時，真夜中
0711 **model** [má(:)dl] マ(ー)ドゥる				名 型，模型
0712 **musical** [mjú:zik(ə)l] ミューズィカる				名 ミュージカル
0713 **neighborhood** [néibərhud] ネイバフッド				名 近所
0714 **noon** [nu:n] ヌーン				名 正午
0715 **opinion** [əpínjən] オピニョン				名 意見
0716 **oven** [ʌ́v(ə)n] アヴン				名 オーブン
0717 **pajamas** [pədʒá:məz] パヂャーマズ				名 (複数扱いで)パジャマ
0718 **planet** [plǽnit] プらネット				名 惑星
0719 **pleasure** [pléʒər] プれジャ				名 喜び
0720 **pocket** [pá(:)kət] パ(ー)ケット				名 ポケット

記憶から引き出す

意 味	ID	単語を書こう
名 真ん中	0709	
名 思い出	0708	
名 一覧表，リスト	0707	
名 喜び	0719	
名 ポケット	0720	
名 (深夜の)12時，真夜中	0710	
名 意見	0715	
名 惑星	0718	
名 地平線，水平線	0705	
名 正午	0714	

意 味	ID	単語を書こう
名 病気	0706	
名 近所	0713	
名 オーブン	0716	
名 英雄，(男性の)主人公	0703	
名 廊下	0702	
名 型，模型	0711	
名 ミュージカル	0712	
名 休日，祝日	0704	
名 (複数扱いで)パジャマ	0717	
名 案内人，ガイド	0701	

Unit 35の復習テスト

⇒答えは前Unitを参考に。忘れていたものは，別冊に書き込もう！

意 味	ID	単語を書こう
名 デパート	0689	
名 ドラッグストア，薬局	0692	
名 センチメートル	0682	
名 儀式	0683	
名 (病気の)熱	0693	
名 衣装	0687	
名 孫息子	0699	
名 慣習	0688	
名 角	0686	
名 図	0695	

意 味	ID	単語を書こう
名 ごみ	0698	
名 シェフ，コック長	0684	
名 草，芝生	0700	
名 違い	0690	
名 押し入れ，戸棚	0685	
名 天井	0681	
名 (映画などの)監督	0691	
名 家具	0697	
名 飛行機の便，飛行	0696	
名 野原，田畑	0694	

書いて記憶

学習日　　月　　日

単語	1回目	2回目	3回目	意味
0721 **police** [pəlíːs] ポリース				名 警察
0722 **puppy** [pʌ́pi] パピィ				名 子犬
0723 **radio** [réidiou] レイディオウ				名 ラジオ
0724 **schedule** [skédʒuːl] スケヂューる				名 予定
0725 **score** [skɔːr] スコー				名 点数
0726 **shuttle** [ʃʌ́tl] シャトゥる				名 往復便
0727 **sight** [sait] サイト				名 視力，視覚
0728 **sofa** [sóufə] ソウふァ				名 ソファ
0729 **storm** [stɔːrm] ストーム				名 嵐，暴風雨
0730 **tie** [tai] タイ				名 ネクタイ，ひも
0731 **trouble** [trʌ́bl] トゥラブる				名 心配，面倒なこと
0732 **voice** [vɔis] ヴォイス				名 声
0733 **action** [ǽkʃ(ə)n] アクション				名 アクション，行動
0734 **advice** [ədváis] アドヴァイス				名 助言
0735 **award** [əwɔ́ːrd] アウォード				名 賞
0736 **beginning** [bigíniŋ] ビギニング				名 初め
0737 **billion** [bíljən] ビりョン				名 10億
0738 **blackboard** [blǽkbɔːrd] ブらックボード				名 黒板
0739 **camp** [kæmp] キャンプ				名 キャンプ
0740 **capital** [kǽpət(ə)l] キャピトゥる				名 首都

記憶から引き出す

意 味	ID	単語を書こう
名 声	0732	
名 視力，視覚	0727	
名 ソファ	0728	
名 嵐，暴風雨	0729	
名 キャンプ	0739	
名 初め	0736	
名 首都	0740	
名 ネクタイ，ひも	0730	
名 警察	0721	
名 助言	0734	

意 味	ID	単語を書こう
名 予定	0724	
名 黒板	0738	
名 賞	0735	
名 心配，面倒なこと	0731	
名 アクション，行動	0733	
名 点数	0725	
名 ラジオ	0723	
名 10億	0737	
名 子犬	0722	
名 往復便	0726	

単語編
でる度 C
0721～0740

Unit 36の復習テスト

⇒答えは前Unitを参考に。忘れていたものは，別冊に書き込もう！

意 味	ID	単語を書こう
名 案内人，ガイド	0701	
名 近所	0713	
名 病気	0706	
名 (複数扱いで)パジャマ	0717	
名 型，模型	0711	
名 休日，祝日	0704	
名 真ん中	0709	
名 廊下	0702	
名 ミュージカル	0712	
名 正午	0714	

意 味	ID	単語を書こう
名 喜び	0719	
名 思い出	0708	
名 ポケット	0720	
名 オーブン	0716	
名 惑星	0718	
名 地平線，水平線	0705	
名 一覧表，リスト	0707	
名 意見	0715	
名 英雄，(男性の)主人公	0703	
名 (深夜の)12時，真夜中	0710	

書いて記憶

学習日　　月　　日

単 語	1回目	2回目	3回目	意 味
0741 **castle** [kǽsl] キャスる				名 城
0742 **climate** [kláimət] クらイメット				名 気候
0743 **comic** [ká(:)mik] カ(ー)ミック				名 漫画本
0744 **communication** [kəmjù:nikéiʃ(ə)n] コミューニケイション				名 コミュニケーション
0745 **damage** [dǽmidʒ] ダメッヂ				名 損害，被害
0746 **danger** [déindʒər] デインヂャ				名 危険
0747 **death** [deθ] デす				名 死，死亡
0748 **desert** [dézərt] デザト				名 砂漠
0749 **difficulty** [dífik(ə)lti] ディふィクるティ				名 困難
0750 **earthquake** [ə́:rθkweik] ア～すクウェイク				名 地震
0751 **elevator** [éliveitər] エれヴェイタァ				名 エレベーター
0752 **enemy** [énəmi] エネミィ				名 敵
0753 **energy** [énərdʒi] エナヂィ				名 エネルギー
0754 **examination** [igzæ̀minéiʃ(ə)n] イグザミネイション				名 試験
0755 **expression** [ikspréʃ(ə)n] イクスプレション				名 表現
0756 **firework** [fáiərwə:rk] ふァイアワ～ク				名 (通常複数形で) 花火
0757 **flag** [flæg] ふらッグ				名 旗
0758 **fork** [fɔ:rk] ふォーク				名 フォーク
0759 **freedom** [frí:dəm] ふリーダム				名 自由
0760 **fridge** [fridʒ] ふリッヂ				名 冷蔵庫

記憶から引き出す

意 味	ID	単語を書こう
名 困難	0749	
名 危険	0746	
名 死，死亡	0747	
名 地震	0750	
名 エレベーター	0751	
名 (通常複数形で)花火	0756	
名 フォーク	0758	
名 損害，被害	0745	
名 コミュニケーション	0744	
名 エネルギー	0753	

意 味	ID	単語を書こう
名 敵	0752	
名 冷蔵庫	0760	
名 気候	0742	
名 城	0741	
名 表現	0755	
名 砂漠	0748	
名 自由	0759	
名 旗	0757	
名 漫画本	0743	
名 試験	0754	

Unit 37の復習テスト

⇒答えは前Unitを参考に。忘れていたものは，別冊に書き込もう！

意 味	ID	単語を書こう
名 首都	0740	
名 助言	0734	
名 嵐，暴風雨	0729	
名 警察	0721	
名 往復便	0726	
名 心配，面倒なこと	0731	
名 初め	0736	
名 キャンプ	0739	
名 賞	0735	
名 点数	0725	

意 味	ID	単語を書こう
名 声	0732	
名 ラジオ	0723	
名 黒板	0738	
名 予定	0724	
名 ネクタイ，ひも	0730	
名 アクション，行動	0733	
名 子犬	0722	
名 視力，視覚	0727	
名 ソファ	0728	
名 10億	0737	

書いて記憶

学習日　　月　　日

単語	1回目	2回目	3回目	意味
0761 **friendship** [fréndʃip] ふレンドシップ				名 友情，友好関係
0762 **generation** [dʒènəréiʃ(ə)n] ヂェネレイション				名 世代，同世代の人々
0763 **gesture** [dʒéstʃər] ヂェスチャ				名 身ぶり
0764 **glass** [glæs] グらス				名 コップ，ガラス
0765 **glove** [glʌv] グらヴ				名 (通常複数形で) 手袋
0766 **gram** [græm] グラム				名 グラム
0767 **grandparent** [grǽn(d)pè(ə)r(ə)nt] グラン(ド)ペ(ア)レント				名 祖父，祖母
0768 **greeting** [grí:tiŋ] グリーティング				名 あいさつ
0769 **heat** [hi:t] ヒート				名 熱，暑さ
0770 **hint** [hint] ヒント				名 ヒント
0771 **hole** [houl] ホウる				名 穴
0772 **horse** [hɔ:rs] ホース				名 馬
0773 **host** [houst] ホウスト				名 (客をもてなす) 主人
0774 **importance** [impɔ́:rt(ə)ns] インポータンス				名 重要性
0775 **ink** [iŋk] インク				名 インク
0776 **juice** [dʒu:s] ヂュース				名 (果物・野菜の) ジュース
0777 **leaf** [li:f] りーふ				名 葉
0778 **license** [láis(ə)ns] らイセンス				名 免許
0779 **mirror** [mírər] ミラァ				名 鏡
0780 **neighbor** [néibər] ネイバァ				名 近所の人

記憶から引き出す

意 味	ID	単語を書こう
名 祖父，祖母	0767	
名 熱，暑さ	0769	
名 世代，同世代の人々	0762	
名 重要性	0774	
名 ヒント	0770	
名 穴	0771	
名 (通常複数形で) 手袋	0765	
名 友情，友好関係	0761	
名 コップ，ガラス	0764	
名 あいさつ	0768	
名 鏡	0779	
名 葉	0777	
名 馬	0772	
名 (果物・野菜の) ジュース	0776	
名 インク	0775	
名 近所の人	0780	
名 グラム	0766	
名 (客をもてなす) 主人	0773	
名 身ぶり	0763	
名 免許	0778	

Unit 38の復習テスト

⇒答えは前Unitを参考に。忘れていたものは，別冊に書き込もう！

意 味	ID	単語を書こう
名 表現	0755	
名 エレベーター	0751	
名 フォーク	0758	
名 漫画本	0743	
名 (通常複数形で) 花火	0756	
名 危険	0746	
名 損害，被害	0745	
名 旗	0757	
名 地震	0750	
名 気候	0742	
名 砂漠	0748	
名 冷蔵庫	0760	
名 試験	0754	
名 エネルギー	0753	
名 自由	0759	
名 城	0741	
名 敵	0752	
名 困難	0749	
名 コミュニケーション	0744	
名 死，死亡	0747	

書いて記憶

学習日　　月　　日

単語	1回目	2回目	3回目	意味
0781 **nephew** [néfjuː] ネふュー				名 おい
0782 **noise** [nɔiz] ノイズ				名 騒音
0783 **note** [nout] ノウト				名 メモ，短い手紙
0784 **novel** [ná(ː)v(ə)l] ナ(ー)ヴ(ェ)る				名 (長編)小説
0785 **oil** [ɔil] オイる				名 油
0786 **owner** [óunər] オウナァ				名 所有者
0787 **pain** [pein] ペイン				名 痛み
0788 **passenger** [pǽsindʒər] パセンヂャ				名 乗客
0789 **peace** [piːs] ピース				名 平和
0790 **performance** [pərfɔ́ːrməns] パふォーマンス				名 公演，演技
0791 **port** [pɔːrt] ポート				名 港
0792 **postcard** [póus(t)kɑːrd] ポウス(ト)カード				名 はがき
0793 **program** [próugræm] プロウグラム				名 番組，計画
0794 **resort** [rizɔ́ːrt] リゾート				名 行楽地
0795 **rocket** [rá(ː)kət] ラ(ー)ケット				名 ロケット
0796 **sadness** [sǽdnəs] サッドネス				名 悲しみ
0797 **safety** [séifti] セイふティ				名 安全
0798 **salesclerk** [séilzklə̀ːrk] セイるズクら～ク				名 店員，販売員
0799 **scene** [siːn] スィーン				名 場面
0800 **scissors** [sízərz] スィザズ				名 (複数扱いで)はさみ

記憶から引き出す

意 味	ID	単語を書こう
名 油	0785	
名 行楽地	0794	
名 (複数扱いで) はさみ	0800	
名 港	0791	
名 おい	0781	
名 悲しみ	0796	
名 店員，販売員	0798	
名 はがき	0792	
名 平和	0789	
名 場面	0799	

意 味	ID	単語を書こう
名 公演，演技	0790	
名 乗客	0788	
名 メモ，短い手紙	0783	
名 安全	0797	
名 所有者	0786	
名 痛み	0787	
名 騒音	0782	
名 (長編) 小説	0784	
名 番組，計画	0793	
名 ロケット	0795	

Unit 39の復習テスト

⇒答えは前Unitを参考に。忘れていたものは，別冊に書き込もう！

意 味	ID	単語を書こう
名 重要性	0774	
名 身ぶり	0763	
名 コップ，ガラス	0764	
名 世代，同世代の人々	0762	
名 (客をもてなす) 主人	0773	
名 鏡	0779	
名 グラム	0766	
名 馬	0772	
名 (通常複数形で) 手袋	0765	
名 友情，友好関係	0761	

意 味	ID	単語を書こう
名 免許	0778	
名 あいさつ	0768	
名 熱，暑さ	0769	
名 葉	0777	
名 穴	0771	
名 近所の人	0780	
名 祖父，祖母	0767	
名 ヒント	0770	
名 (果物・野菜の) ジュース	0776	
名 インク	0775	

書いて記憶

学習日　　月　　日

単語	1回目	2回目	3回目	意味
0801 **shampoo** [ʃæmpúː] シャンプー				名 シャンプー
0802 **shape** [ʃeip] シェイプ				名 形
0803 **shower** [ʃáuər] シャウア				名 シャワー，にわか雨
0804 **shrine** [ʃrain] シライン				名 神社
0805 **sightseeing** [sáitsìːiŋ] サイトスィーイング				名 観光
0806 **skill** [skil] スキる				名 技術
0807 **sneaker** [sníːkər] スニーカァ				名 (通常複数形で) スニーカー
0808 **soldier** [sóuldʒər] ソウるヂャ				名 (陸軍の) 兵士，軍人
0809 **speed** [spiːd] スピード				名 速度
0810 **stadium** [stéidiəm] ステイディアム				名 スタジアム，競技場
0811 **stair** [steər] ステア				名 (通常複数形で) 階段
0812 **state** [steit] ステイト				名 (アメリカなどの) 州
0813 **statue** [stǽtʃuː] スタチュー				名 像，彫像
0814 **steak** [steik] ステイク				名 ステーキ
0815 **stomach** [stʌ́mək] スタマック				名 胃，腹
0816 **stranger** [stréindʒər] ストゥレインヂャ				名 見知らぬ人，(その土地に) 初めて来た人
0817 **sugar** [ʃúgər] シュガァ				名 砂糖
0818 **suit** [suːt] スート				名 スーツ
0819 **suitcase** [súːtkeis] スートケイス				名 スーツケース
0820 **sunrise** [sʌ́nraiz] サンライズ				名 日の出

記憶から引き出す

意 味	ID	単語を書こう
名 (アメリカなどの)州	0812	
名 速度	0809	
名 (通常複数形で)スニーカー	0807	
名 神社	0804	
名 日の出	0820	
名 胃，腹	0815	
名 技術	0806	
名 スタジアム，競技場	0810	
名 スーツ	0818	
名 シャンプー	0801	

意 味	ID	単語を書こう
名 シャワー，にわか雨	0803	
名 像，彫像	0813	
名 スーツケース	0819	
名 (通常複数形で)階段	0811	
名 見知らぬ人，(その土地に)初めて来た人	0816	
名 砂糖	0817	
名 (陸軍の)兵士，軍人	0808	
名 形	0802	
名 ステーキ	0814	
名 観光	0805	

単語編

でる度 C

0801 ～ 0820

Unit 40の復習テスト

⇒答えは前Unitを参考に。忘れていたものは，別冊に書き込もう！

意 味	ID	単語を書こう
名 痛み	0787	
名 油	0785	
名 ロケット	0795	
名 騒音	0782	
名 行楽地	0794	
名 公演，演技	0790	
名 おい	0781	
名 場面	0799	
名 (複数扱いで)はさみ	0800	
名 安全	0797	

意 味	ID	単語を書こう
名 乗客	0788	
名 メモ，短い手紙	0783	
名 はがき	0792	
名 番組，計画	0793	
名 (長編)小説	0784	
名 店員，販売員	0798	
名 港	0791	
名 悲しみ	0796	
名 平和	0789	
名 所有者	0786	

書いて記憶

学習日　　月　　日

単語	1回目	2回目	3回目	意味
0821 **sunset** [sʌ́nset] サンセット				名 日没
0822 **symbol** [símb(ə)l] スィンボる				名 象徴
0823 **temperature** [témp(ə)rətʃər] テンペラチャ				名 温度，体温
0824 **tradition** [trədíʃ(ə)n] トゥラディション				名 伝統
0825 **twin** [twin] トゥウィン				名（複数形で）ふたご
0826 **typhoon** [taifúːn] タイふーン				名 台風
0827 **wine** [wain] ワイン				名 ワイン
0828 **wing** [wiŋ] ウィング				名（鳥・飛行機などの）つばさ
0829 **asleep** [əslíːp] アスリープ				形 眠って
0830 **bright** [brait] ブライト				形 明るい
0831 **careful** [kéərfəl] ケアふる				形 注意深い
0832 **central** [séntr(ə)l] セントゥラる				形 中央の
0833 **clever** [klévər] クれヴァ				形 利口な
0834 **comfortable** [kʌ́mfərtəbl] カンふォタブる				形 心地よい
0835 **common** [kɑ́(ː)mən] カ(ー)モン				形 一般的な，共通の
0836 **cute** [kjuːt] キュート				形 かわいい
0837 **dark** [dɑːrk] ダーク				形 暗い
0838 **digital** [dídʒit(ə)l] ディヂトゥる				形 デジタル（方式）の
0839 **excellent** [éks(ə)lənt] エクセれント				形 優れた，立派な
0840 **friendly** [fréndli] ふレンドりィ				形 親しみやすい，親切な

記憶から引き出す

意味	ID	単語を書こう
名 温度，体温	0823	
形 暗い	0837	
形 注意深い	0831	
形 親しみやすい，親切な	0840	
形 かわいい	0836	
名 伝統	0824	
名 象徴	0822	
名 (複数形で) ふたご	0825	
形 心地よい	0834	
形 利口な	0833	

意味	ID	単語を書こう
形 中央の	0832	
形 眠って	0829	
名 台風	0826	
名 日没	0821	
名 ワイン	0827	
形 明るい	0830	
形 一般的な，共通の	0835	
形 デジタル (方式) の	0838	
形 優れた，立派な	0839	
名 (鳥・飛行機などの) つばさ	0828	

Unit 41の復習テスト

⇒答えは前Unitを参考に。忘れていたものは，別冊に書き込もう！

意味	ID	単語を書こう
名 (アメリカなどの) 州	0812	
名 スタジアム，競技場	0810	
名 シャンプー	0801	
名 砂糖	0817	
名 神社	0804	
名 ステーキ	0814	
名 形	0802	
名 像，彫像	0813	
名 (陸軍の) 兵士，軍人	0808	
名 シャワー，にわか雨	0803	

意味	ID	単語を書こう
名 (通常複数形で) 階段	0811	
名 胃，腹	0815	
名 見知らぬ人，(その土地に) 初めて来た人	0816	
名 スーツケース	0819	
名 (通常複数形で) スニーカー	0807	
名 観光	0805	
名 速度	0809	
名 技術	0806	
名 スーツ	0818	
名 日の出	0820	

書いて記憶

学習日　　月　　日

単語	1回目	2回目	3回目	意味
0841 **healthy** [hélθi] へるすィ				形 健康的な
0842 **latest** [léitist] れイテスト				形 最新の
0843 **local** [lóuk(ə)l] ろウカる				形 地元の
0844 **natural** [nǽtʃ(ə)r(ə)l] ナチ(ュ)らる				形 自然の
0845 **necessary** [nésəseri] ネセセリィ				形 必要な
0846 **quiet** [kwáiət] クワイエット				形 静かな
0847 **round** [raund] ラウンド				形 丸い
0848 **scared** [skeərd] スケアド				形 おびえた
0849 **several** [sévr(ə)l] セヴラる				形 いくつかの
0850 **simple** [símpl] スィンプる				形 簡単な，単純な
0851 **snowy** [snóui] スノウイ				形 雪の多い，雪の積もった
0852 **southern** [sʌ́ðərn] サざン				形 南(部)の
0853 **strong** [strɔ(ː)ŋ] ストゥロ(ー)ング				形 強い
0854 **sweet** [swiːt] スウィート				形 甘い
0855 **thick** [θik] すィック				形 厚い
0856 **thirsty** [θə́ːrsti] さ～スティ				形 のどが乾いている
0857 **traditional** [trədíʃ(ə)n(ə)l] トゥラディショヌる				形 伝統的な
0858 **upset** [ʌpsét] アップセット				形 気が動転した，うろたえた
0859 **whole** [houl] ホウる				形 全体の
0860 **alive** [əláiv] アらイヴ				形 生きている

記憶から引き出す

意味	ID	単語を書こう
形 のどが乾いている	0856	
形 強い	0853	
形 気が動転した，うろたえた	0858	
形 健康的な	0841	
形 丸い	0847	
形 甘い	0854	
形 生きている	0860	
形 最新の	0842	
形 厚い	0855	
形 簡単な，単純な	0850	

意味	ID	単語を書こう
形 南(部)の	0852	
形 いくつかの	0849	
形 おびえた	0848	
形 地元の	0843	
形 伝統的な	0857	
形 全体の	0859	
形 必要な	0845	
形 自然の	0844	
形 雪の多い，雪の積もった	0851	
形 静かな	0846	

Unit 42の復習テスト

⇒答えは前Unitを参考に。忘れていたものは，別冊に書き込もう！

意味	ID	単語を書こう
形 眠って	0829	
名 象徴	0822	
形 中央の	0832	
名 台風	0826	
形 デジタル(方式)の	0838	
名 日没	0821	
名 (鳥・飛行機などの)つばさ	0828	
形 一般的な，共通の	0835	
名 (複数形で)ふたご	0825	
形 注意深い	0831	

意味	ID	単語を書こう
名 伝統	0824	
形 親しみやすい，親切な	0840	
形 かわいい	0836	
形 心地よい	0834	
形 暗い	0837	
名 ワイン	0827	
形 優れた，立派な	0839	
形 利口な	0833	
形 明るい	0830	
名 温度，体温	0823	

Unit 44　0861~0880

書いて記憶

学習日　　月　　日

単語	1回目	2回目	3回目	意味
0861 **cheerful** [tʃíərf(ə)l] チアふる				形 元気のよい，陽気な
0862 **dirty** [dǝ́:rti] ダ～ティ				形 汚い，汚れた
0863 **elderly** [éldərli] エるダァりィ				形 年配の
0864 **helpful** [hélpf(ə)l] へるプふる				形 役立つ
0865 **huge** [hju:dʒ] ヒューヂ				形 非常に大きい
0866 **impossible** [impá(:)səbl] インパ(ー)スィブる				形 不可能な
0867 **international** [ìntərnǽʃ(ə)n(ə)l] インタァナショヌる				形 国際的な
0868 **lonely** [lóunli] ろウンりィ				形 さびしい
0869 **low** [lou] ろウ				形 低い
0870 **lucky** [lʌ́ki] らキィ				形 運のよい
0871 **mild** [maild] マイるド				形 温和な，温暖な
0872 **noisy** [nɔ́izi] ノイズィ				形 騒がしい
0873 **official** [əfíʃ(ə)l] オふィシャる				形 公式の
0874 **outdoor** [àutdɔ́:r] アウトドー				形 屋外の
0875 **peaceful** [pí:sf(ə)l] ピースふる				形 平和な
0876 **polite** [pəláit] ポらイト				形 礼儀正しい
0877 **powerful** [páuərf(ə)l] パウアふる				形 強力な
0878 **serious** [sí(ə)riəs] スィ(ア)リアス				形 真剣な，重大な
0879 **surprising** [sərpráiziŋ] サプライズィング				形 驚くべき
0880 **tasty** [téisti] テイスティ				形 おいしい

記憶から引き出す

意味	ID	単語を書こう
形 強力な	0877	
形 公式の	0873	
形 騒がしい	0872	
形 不可能な	0866	
形 平和な	0875	
形 おいしい	0880	
形 役立つ	0864	
形 元気のよい，陽気な	0861	
形 国際的な	0867	
形 驚くべき	0879	

意味	ID	単語を書こう
形 運のよい	0870	
形 礼儀正しい	0876	
形 屋外の	0874	
形 真剣な，重大な	0878	
形 年配の	0863	
形 温和な，温暖な	0871	
形 汚い，汚れた	0862	
形 さびしい	0868	
形 低い	0869	
形 非常に大きい	0865	

Unit 43の復習テスト

⇒答えは前Unitを参考に。忘れていたものは，別冊に書き込もう！

意味	ID	単語を書こう
形 南(部)の	0852	
形 気が動転した，うろたえた	0858	
形 いくつかの	0849	
形 必要な	0845	
形 丸い	0847	
形 甘い	0854	
形 最新の	0842	
形 静かな	0846	
形 簡単な，単純な	0850	
形 自然の	0844	

意味	ID	単語を書こう
形 強い	0853	
形 雪の多い，雪の積もった	0851	
形 生きている	0860	
形 のどが乾いている	0856	
形 厚い	0855	
形 全体の	0859	
形 おびえた	0848	
形 地元の	0843	
形 伝統的な	0857	
形 健康的な	0841	

書いて記憶

学習日　　月　　日

単語	1回目	2回目	3回目	意味
0881 **tight** [tait] タイト				形 きつい
0882 **wet** [wet] ウェット				形 ぬれた
0883 **anytime** [énitaim] エニタイム				副 (肯定文で)いつでも
0884 **anyway** [éniwei] エニウェイ				副 とにかく
0885 **anywhere** [éni(h)weər] エニ(フ)ウェア				副 (疑問文で)どこかへ[に]
0886 **badly** [bǽdli] バッドリィ				副 ひどく
0887 **instead** [instéd] インステッド				副 代わりに
0888 **online** [ɑ̀(:)nláin] ア(ー)ンらイン				副 オンラインで，インターネットで
0889 **safely** [séifli] セイふりィ				副 安全に，無事に
0890 **actually** [ǽktʃu(ə)li] アクチュ(ア)りィ				副 実のところ，実際に

単語	1回目	2回目	3回目	意味
0891 **aloud** [əláud] アらウド				副 声を出して
0892 **carefully** [kéərfəli] ケアふりィ				副 注意深く
0893 **overseas** [òuvərsí:z] オウヴァスィーズ				副 海外へ[で]
0894 **softly** [sɔ́(:)ftli] ソ(ー)ふトりィ				副 優しく，静かに
0895 **unfortunately** [ʌnfɔ́:rtʃ(ə)nətli] アンふォーチュネットりィ				副 不幸にも
0896 **upstairs** [ʌ̀pstéərz] アップステアズ				副 上の階へ[に]
0897 **although** [ɔ:lðóu] オーるぞウ				接 ～だけれども
0898 **among** [əmʌ́ŋ] アマング				前 (3つ[人]以上のもの)の中に[で]
0899 **toward** [tɔ:rd] トード				前 の方へ
0900 **above** [əbʌ́v] アバヴ				前 の上に[へ]

記憶から引き出す

意 味	ID	単語を書こう
[形] きつい	0881	
[副] (疑問文で) どこかへ [に]	0885	
[副] ひどく	0886	
[副] (肯定文で) いつでも	0883	
[副] 優しく，静かに	0894	
[副] 声を出して	0891	
[副] 海外へ [で]	0893	
[副] 注意深く	0892	
[副] 実のところ，実際に	0890	
[形] ぬれた	0882	

意 味	ID	単語を書こう
[前] (3つ [人] 以上のもの) の中に [で]	0898	
[副] 不幸にも	0895	
[前] の方へ	0899	
[前] の上に [へ]	0900	
[副] 代わりに	0887	
[副] とにかく	0884	
[接] 〜だけれども	0897	
[副] オンラインで，インターネットで	0888	
[副] 安全に，無事に	0889	
[副] 上の階へ [に]	0896	

Unit 44の復習テスト

⇒答えは前Unitを参考に。忘れていたものは，別冊に書き込もう！

意 味	ID	単語を書こう
[形] 非常に大きい	0865	
[形] おいしい	0880	
[形] 強力な	0877	
[形] 公式の	0873	
[形] 役立つ	0864	
[形] 年配の	0863	
[形] 温和な，温暖な	0871	
[形] 運のよい	0870	
[形] 真剣な，重大な	0878	
[形] 驚くべき	0879	

意 味	ID	単語を書こう
[形] 平和な	0875	
[形] 国際的な	0867	
[形] 騒がしい	0872	
[形] 汚い，汚れた	0862	
[形] 不可能な	0866	
[形] 礼儀正しい	0876	
[形] 低い	0869	
[形] さびしい	0868	
[形] 屋外の	0874	
[形] 元気のよい，陽気な	0861	

Unit 45の復習テスト

⇒答えは前Unitを参考に。忘れていたものは，別冊に書き込もう！

意 味	ID	単語を書こう
副 (疑問文で)どこかへ[に]	0885	
副 声を出して	0891	
副 海外へ[で]	0893	
形 ぬれた	0882	
副 実のところ，実際に	0890	
副 オンラインで，インターネットで	0888	
前 の方へ	0899	
副 ひどく	0886	
接 ～だけれども	0897	
形 きつい	0881	

意 味	ID	単語を書こう
副 上の階へ[に]	0896	
副 代わりに	0887	
前 (3つ[人]以上のもの)の中に[で]	0898	
副 安全に，無事に	0889	
前 の上に[へ]	0900	
副 注意深く	0892	
副 とにかく	0884	
副 優しく，静かに	0894	
副 不幸にも	0895	
副 (肯定文で)いつでも	0883	

熟語編

でる度 A よくでる重要熟語

200

Unit 46
～
Unit 55

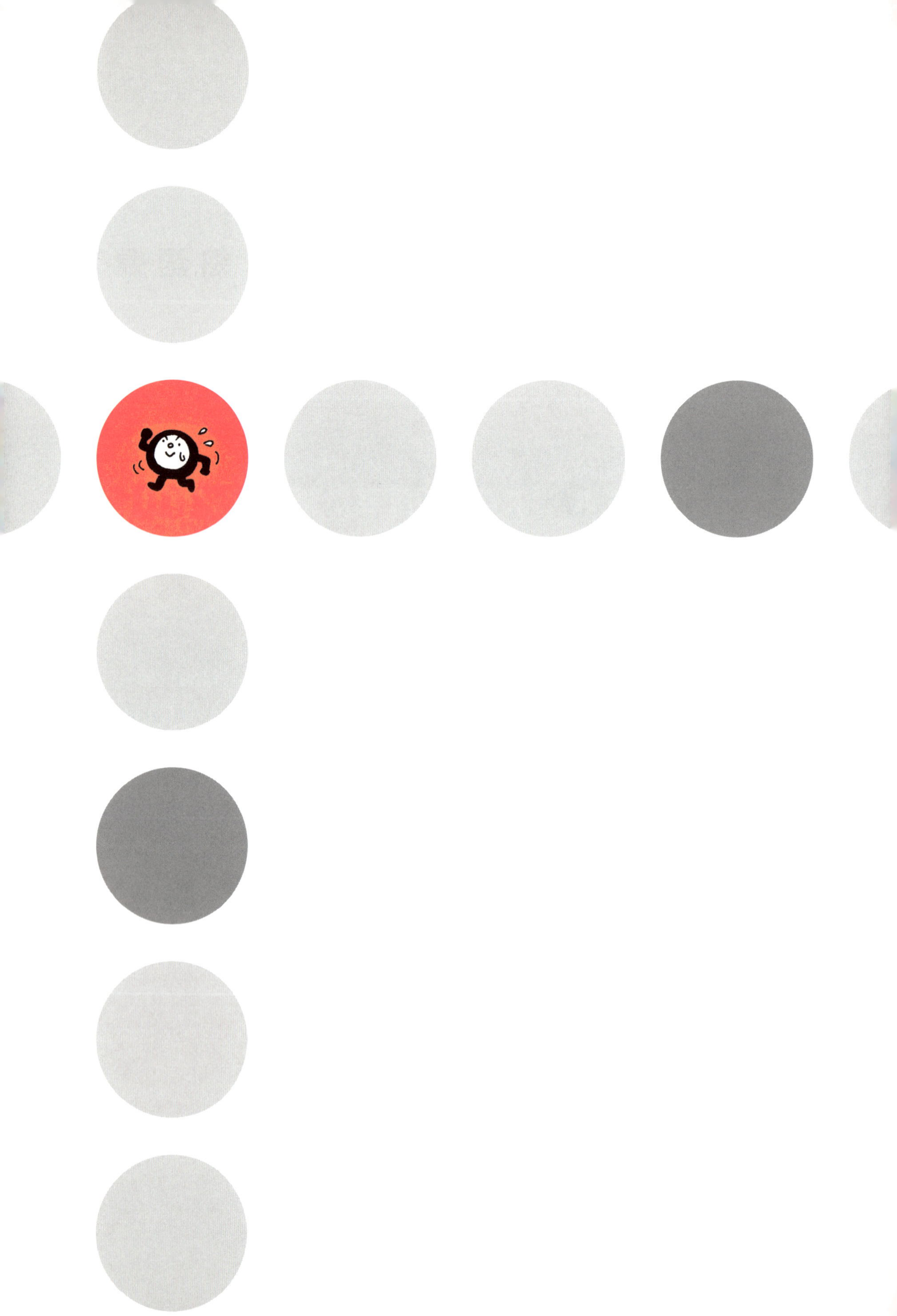

書いて記憶

学習日　　月　　日

熟語	1回目	2回目	意味
0901 a few ~			2，3の~
0902 a glass of ~			コップ1杯の~
0903 a little too (形容詞)			少し~すぎる
0904 a lot			たいへん，非常に
0905 a lot of ~			多くの~
0906 a pair of ~			1組［足，対］の~
0907 a piece of ~			1切れ［片，枚］の~
0908 a sheet of ~			(紙)1枚の~
0909 a slice of ~			(薄い)1切れの~
0910 after a while			しばらくして
0911 after school			放課後に
0912 agree with ~			~(人)に同意する
0913 all over the world			世界中で
0914 anything else			(疑問文で)ほかの何か
0915 arrive in [at, on] ~			~に到着する
0916 as (副詞/形容詞) as *A* can			Aができるだけ~
0917 as usual			いつものように
0918 ask (*A*) for ~			(Aに)~を求める
0919 ask *A* to *do*			A(人)に~するように頼む
0920 at first			最初は

書いて記憶

学習日　　月　　日

熟語	1回目	2回目	意味
0921 at last			ついに，とうとう
0922 at school			学校で
0923 at the end of ～			～の終わりに，～の突き当たりに
0924 be able to *do*			～することができる
0925 be absent from ～			～を休んでいる
0926 be born			生まれる
0927 be covered with ～			～でおおわれている
0928 be different from ～			～と違う
0929 be famous for ～			～で有名である
0930 be full of ～			～でいっぱいである
0931 be glad to *do*			～してうれしい
0932 be good at ～			～がじょうず［得意］である
0933 be in a hurry			急いで［あわてて］いる
0934 be in trouble			困っている
0935 be interested in ～			～に興味がある
0936 be late for ～			～に遅れる
0937 be out			外出している
0938 be proud of ～			～を誇りに思っている
0939 be ready for ～			～の準備ができている
0940 be ready to *do*			～する準備ができている

Unit 46の復習テスト ⇒忘れていた熟語は，別冊に書き込もう！

ID	訳文に合う英文になるように空欄に熟語を書こう
0915	We will (　　) (　　) Chicago before noon. ▶ 正午までにはシカゴに着くでしょう。
0916	I'll get there (　　) soon (　　) I (　　). ▶ できるだけ早くそちらに参ります。
0913	That singer is known (　　) (　　) (　　) (　　). ▶ その歌手は世界中で知られています。
0920	(　　) (　　) I didn't like math, but now it's my favorite subject. ▶ 最初，私は数学が好きではありませんでしたが，今では大好きな教科です。
0918	We won't be able to finish the work today. Let's (　　) (　　) help. ▶ 今日中にこの仕事を終えられそうにありませんね。助けを求めましょう。
0914	Do you want me to do (　　) (　　), Grandma? ▶ おばあちゃん，ほかに何か私にしてもらいたいことある？
0912	If you don't (　　) (　　) me, please say so. ▶ 私に同意しないのなら，どうかそう言ってください。
0903	This sweater is (　　) (　　) (　　) big for me. ▶ このセーターは私には少し大きすぎます。
0907	Would you like (　　) (　　) (　　) cake? ▶ ケーキを１切れいかがですか。
0909	He put (　　) (　　) (　　) lemon into his tea. ▶ 彼はレモンを1切れ紅茶に入れました。
0905	I have (　　) (　　) (　　) things to do today. ▶ 今日はすることがたくさんあります。
0910	(　　) (　　) (　　), it started to rain. ▶ しばらくして，雨が降り始めました。
0904	He helped me (　　) (　　) when I stayed in the U.S. ▶ 彼は私がアメリカに滞在したときにずいぶん助けてくれました。
0911	I usually go straight home (　　) (　　). ▶ 私は，放課後はたいていまっすぐ帰宅します。
0902	Can I have (　　) (　　) (　　) milk? ▶ 牛乳をコップ1杯もらえますか。
0901	I saw him at the library (　　) (　　) minutes ago. ▶ 私は2，3分前に，彼を図書館で見かけました。
0917	(　　) (　　), Kate's father took a bath before dinner. ▶ いつものように，ケイトの父親は夕食の前に入浴しました。
0906	I want to buy (　　) (　　) (　　) shoes for my school trip. ▶ 私は遠足用の靴を１足買いたいです。
0908	She drew a picture on (　　) (　　) (　　) paper. ▶ 彼女は1枚の紙に絵を描きました。
0919	I (　　) Tony (　　) (　　) something to drink. ▶ 私はトニーに何か飲み物を持ってくるように頼みました。

Unit 46の復習テスト解答 0915 arrive in　0916 as, as, can　0913 all over the world　0920 At first　0918 ask for　0914 anything else　0912 agree with　0903 a little too　0907 a piece of　0909 a slice of　0905 a lot of　0910 After a while　0904 a lot　0911 after school　0902 a glass of　0901 a few　0917 As usual　0906 a pair of　0908 a sheet of　0919 asked, to bring

書いて記憶

学習日　　月　　日

熟語	1回目	2回目	意味
0941 be surprised at ～			～に驚く
0942 be worried about ～			～を心配している
0943 become friends with ～			～と友だちになる
0944 between *A* and *B*			AとBの間に
0945 both *A* and *B*			AとBの両方とも
0946 both of ～			(2者について)～の両方とも
0947 by *oneself*			ひとりで，自分で
0948 clean up ～			～をきれいに片づける
0949 come back			戻る
0950 come home			帰宅する
0951 come true			実現する
0952 decide to *do*			～することに決める
0953 do *one's* best			最善を尽くす
0954 do *one's* homework			宿題をする
0955 do well			うまくいく，成功する
0956 each other			お互い
0957 enjoy *doing*			～して楽しむ
0958 (形容詞/副詞) enough for ～			～に十分…
0959 (形容詞/副詞) enough to *do*			～するのに十分…
0960 exchange *A* for *B*			AをBと交換する

Unit 47の復習テスト ⇒忘れていた熟語は，別冊に書き込もう！

ID	訳文に合う英文になるように空欄に熟語を書こう
0937	Mr. Green (　　　) (　　　) right now. He'll be back by three o'clock. ▶ グリーンさんはただ今**外出中です**。3時までには戻ります。
0921	I've finished my homework (　　　) (　　　)! ▶ **とうとう**宿題をやり終えたぞ！
0924	They made a robot that (　　　) (　　　) (　　　) (　　　). ▶ 彼らは**歩くことができる**ロボットを作りました。
0938	She (　　　) (　　　) (　　　) her son. ▶ 彼女は息子**を誇りに思っています**。
0922	She wants to make a lot of friends (　　　) (　　　). ▶ 彼女は**学校で**たくさんの友だちを作りたいと思っています。
0934	I'll help you when you (　　　) (　　　) (　　　). ▶ あなたが**困った**ときはお手伝いします。
0930	The sky (　　　) (　　　) (　　　) stars. ▶ 空は星**でいっぱいでした**。
0940	(　　　) you (　　　) (　　　) (　　　) to the party? ▶ パーティーに**出かける準備はできていますか**。
0927	The table (　　　) (　　　) (　　　) a cloth. ▶ テーブルには布**がかかっていました**。
0935	John (　　　) (　　　) (　　　) Japanese history. ▶ ジョンは日本の歴史**に興味をもっています**。
0931	I (　　　) (　　　) (　　　) (　　　) that you've passed the exam. ▶ あなたが試験に合格した**と知ってうれしいです**。
0925	Tom has (　　　) (　　　) (　　　) school for three days. ▶ トムは3日間学校**を休んでいます**。
0936	I (　　　) (　　　) (　　　) school because I got up late. ▶ 私は寝坊したので学校**に遅刻しました**。
0933	Sorry, I can't talk now. I (　　　) (　　　) (　　　) (　　　) to get to work. ▶ ごめんなさい，今は話せないわ。職場へ行くのに**急いでいる**の。
0939	I (　　　) (　　　) (　　　) the science test tomorrow. ▶ 私は明日の理科のテスト**の準備ができています**。
0932	My uncle (　　　) (　　　) (　　　) playing soccer. ▶ 私のおじはサッカーをするの**がじょうずです**。
0923	We asked the teacher some questions (　　　) (　　　) (　　　) (　　　) the class. ▶ 私たちは授業**の終わりに**先生にいくつか質問をしました。
0928	My idea (　　　) (　　　) (　　　) his. ▶ 私の考えは彼の考え**とは違います**。
0926	He (　　　) (　　　) in the U.S., but now he lives in Canada. ▶ 彼はアメリカで**生まれましたが**，今はカナダで暮らしています。
0929	My town (　　　) (　　　) (　　　) its old castle. ▶ 私の町は古い城**で有名です**。

Unit 47の復習テスト解答 0937 is out 0921 at last 0924 was able to walk 0938 is proud of 0922 at school 0934 are in trouble 0930 was full of 0940 Are, ready to go 0927 was covered with 0935 is interested in 0931 am glad to know 0925 been absent from 0936 was late for 0933 am in a hurry 0939 am ready for 0932 is good at 0923 at the end of 0928 is different from 0926 was born 0929 is famous for

書いて記憶

学習日　　月　　日

熟語	1回目	2回目	意味
0961 fall down			倒れる，転倒する
0962 find out ～			～を見つけ出す，～を調べる
0963 finish *doing*			～し終える
0964 first of all			まず最初に
0965 for a long time			長い間
0966 for example			たとえば
0967 for the first time			初めて
0968 from *A* to *B*			AからBまで
0969 get a good grade			よい成績をとる
0970 get a perfect score			満点をとる

0971 get cold			寒くなる
0972 get dark			暗くなる
0973 get home			帰宅する
0974 get hungry			空腹になる
0975 get off (～)			(乗り物など)(を)降りる
0976 get on (～)			(乗り物など)(に)乗る
0977 get to ～			～に着く
0978 give *A* a ride			A(人)を車で送る［車に乗せる］
0979 go and *do*			～しに行く
0980 go back home			帰宅する

Unit 48の復習テスト ⇒忘れていた熟語は，別冊に書き込もう！

ID	訳文に合う英文になるように空欄に熟語を書こう
0959	It was not hot ( ) ( ) ( ) in the sea. ▶ 海で**泳ぐほどには**暑くありませんでした。
0949	Try to finish your homework before your father ( ) ( ). ▶ お父さんが**戻る**前に宿題を終わらせるようにしなさい。
0954	I usually ( ) ( ) ( ) before dinner. ▶ 私はたいてい夕食前に**宿題をします**。
0946	I ordered pizza and a salad at that restaurant. ( ) ( ) them were good. ▶ 私はそのレストランでピザとサラダを注文しました。**両方とも**おいしかったです。
0944	The post office is ( ) a supermarket ( ) a bookstore. ▶ 郵便局はスーパー**と**書店**の間に**あります。
0957	We ( ) ( ) a football game. ▶ 私たちはフットボールの試合**を見て楽しみました**。
0947	Tom lives ( ) ( ) in a small apartment. ▶ トムは小さなアパートに**ひとりで**暮らしています。
0943	I want to ( ) ( ) ( ) students from other countries. ▶ 私は海外から来た学生たち**と友だちになり**たいです。
0945	( ) my aunt ( ) I like painting. ▶ おば**と**私**は2人とも**絵を描くことが好きです。
0948	Let's ( ) ( ) the living room before dinner. ▶ 夕食の前に居間**を片づけ**ましょう。
0942	She ( ) ( ) ( ) her daughter studying abroad. ▶ 彼女は海外留学中の娘**のことを心配しています**。
0951	I'm sure your dream will ( ) ( ). ▶ あなたの夢はきっと**かないます**よ。
0956	We've known ( ) ( ) since we were small. ▶ 私たちは幼いころから**お互い**を知っています。
0950	When I ( ) ( ), my mother was cooking. ▶ 私が**帰宅した**とき，母は料理をしていました。
0955	How was the test, Lisa? Did you ( ) ( )? ▶ リサ，テストはどうだった？ **よくできた**？
0958	I think this book is easy ( ) ( ) your daughter. ▶ この本はあなたの娘さん**には十分**やさしいと思います。
0941	We ( ) very ( ) ( ) the news. ▶ 私たちはその知らせ**に**とても**驚きました**。
0960	The shirt I bought is a little too big. Could I ( ) it ( ) a smaller one? ▶ 私が買ったシャツは少し大きすぎます。小さいもの**と交換する**ことはできますか。
0952	My brother ( ) ( ) ( ) a used car made in Germany. ▶ 兄はドイツ製の中古車**を買うことにしました**。
0953	I'll ( ) ( ) ( ) in the next tennis match. ▶ 次のテニスの試合では，**最善を尽くし**ます。

Unit 48の復習テスト解答 0959 enough to swim 0949 comes back 0954 do my homework 0946 Both of 0944 between, and 0957 enjoyed watching 0947 by himself 0943 become friends with 0945 Both, and 0948 clean up 0942 is worried about 0951 come true 0956 each other 0950 came home 0955 do well 0958 enough for 0941 were, surprised at 0960 exchange, for 0952 decided to buy 0953 do my best

書いて記憶

学習日　　月　　日

熟語	1回目	2回目	意味
0981 go fishing			釣りに行く
0982 go for a walk			散歩に行く
0983 go home			帰宅する
0984 go on a tour			周遊旅行に出かける
0985 go on a trip			旅行に出かける
0986 go out (for ~)			(~のために)出かける
0987 go shopping			買い物に行く
0988 go [walk] straight			まっすぐに行く[歩く]
0989 go to bed			寝る
0990 go to see a movie			映画を見に行く
0991 go to the doctor			医師に診てもらいに行く
0992 go to work			仕事に行く
0993 graduate from ~			~を卒業する
0994 grow up			大人になる，成長する
0995 have a chance to *do*			~する機会がある
0996 have a cold			風邪をひいている
0997 have a great time			楽しく過ごす
0998 have been to ~			~に行ったことがある
0999 have enough (名詞) to *do*			~するのに十分な…がある
1000 have fun			楽しむ

Unit 49の復習テスト ⇒忘れていた熟語は，別冊に書き込もう！

ID	訳文に合う英文になるように空欄に熟語を書こう
0976	Sorry I'm late. I ( ) ( ) the wrong bus. ▶ 遅れてごめんね。違うバスに乗ってしまったの。
0969	Susan likes studying and always ( ) ( ) ( ). ▶ スーザンは勉強が好きで，いつもよい成績をとります。
0973	When I ( ) ( ), my father was washing the car. ▶ 帰宅したとき，父は車を洗っていました。
0975	Let's ( ) ( ) the bus at the next stop and walk. ▶ 次の停留所でバスを降りて歩きましょう。
0968	She goes to swimming school ( ) Monday ( ) Thursday. ▶ 彼女は月曜日から木曜日まで水泳教室に通っています。
0978	It was raining, so my father ( ) me ( ) ( ) to school. ▶ 雨が降っていたので，父が私を学校まで車で送ってくれました。
0961	I ( ) ( ) when I was running to school. ▶ 学校に向かって走っていたときに転びました。
0971	It's ( ) ( ). Let's go inside. ▶ 寒くなってきました。中に入りましょう。
0974	Can we have lunch at that café? I'm ( ) ( ). ▶ あのカフェで昼食をとりませんか。お腹がすいてきました。
0965	I've wanted to buy this ( ) ( ) ( ) ( ). ▶ 私はこれを長い間買いたいと思っていました。
0979	Ms. Baker, I have a stomachache. Can I ( ) ( ) ( ) the school nurse? ▶ ベイカー先生，おなかが痛いので，保健室の先生に診てもらいに行ってもいいですか。
0980	We got very hungry, so we ( ) ( ) ( ) for lunch. ▶ とてもお腹がすいたので，昼食を食べに家へ帰りました。
0972	Be back before it ( ) ( ). ▶ 暗くなる前に帰ってきなさいね。
0966	He likes European countries, ( ) ( ), Spain and Italy. ▶ 彼はヨーロッパの国々が好きです。たとえば，スペインやイタリアです。
0964	( ) ( ) ( ), let me introduce myself. ▶ まず最初に，自己紹介をさせていただきます。
0967	Masao took a plane ( ) ( ) ( ) ( ) when he went to China this spring. ▶ マサオはこの春中国に行ったときに，初めて飛行機に乗りました。
0977	What time will we ( ) ( ) the airport? ▶ 私たちは何時に空港に着くでしょうか。
0962	Let's ( ) ( ) who stole the bag. ▶ だれがそのかばんを盗んだのかを見つけ出しましょう。
0963	Have you ( ) ( ) your shoes? ▶ 靴を洗い終えましたか。
0970	I ( ) ( ) ( ) ( ) on the math test. ▶ 数学のテストで満点をとりました。

Unit 49の復習テスト解答 0976 got on 0969 gets good grades 0973 got home 0975 get off 0968 from, to 0978 gave, a ride 0961 fell down 0971 getting cold 0974 getting hungry 0965 for a long time 0979 go and see 0980 went back home 0972 gets dark 0966 for example 0964 First of all 0967 for the first time 0977 get to 0962 find out 0963 finished washing 0970 got a perfect score

書いて記憶

学習日　　月　　日

熟語	1回目	2回目	意味
1001 have lunch			昼食をとる
1002 have never been to ～			～に行ったことがない
1003 have time to *do*			～する時間がある
1004 have to *do*			～しなければならない
1005 how long ～			どのくらいの長さで～
1006 how many times ～			何回～
1007 how often ～			どのくらいの頻度で～
1008 how to *do*			～する方法，～の仕方
1009 hurry up			急ぐ
1010 I'd like to *do*			～したい
1011 in front of ～			～の前で［に］
1012 in *one's* opinion			～の意見では
1013 in the middle of ～			～の真ん中に，～の最中に
1014 in the morning [afternoon, evening]			午前（中）［午後，夕方］に
1015 in the world			世界で
1016 invite *A* to *B*			A（人）をBに招待する
1017 It is（形容詞）for *A* to *do*			A（人）が～するのは…だ
1018 It takes *A*（時間）to *do*			A（人）が～するのに（時間）がかかる
1019 last week [month, year]			先週［先月，昨年］
1020 laugh at ～			～を聞いて［見て］笑う

Unit 50の復習テスト ⇒忘れていた熟語は，別冊に書き込もう！

ID	訳文に合う英文になるように空欄に熟語を書こう
0991	I'm sorry I'm late. I had to (　　) (　　) (　　) (　　) this morning. ▶ 遅れてごめんなさい。今朝，お医者さんに行かなければならなかったの。
0984	We (　　) (　　) (　　) bus (　　) around the city. ▶ 私たちはバスで市内周遊をしました。
0989	I have to finish my homework before I (　　) (　　) (　　). ▶ 私は寝る前に宿題を終えなければなりません。
0992	Dad, do you have to (　　) (　　) (　　) this Saturday? ▶ お父さん，今度の土曜日は仕事に行かなければならないの？
0985	They (　　) (　　) (　　) (　　) to Mexico. ▶ 彼らはメキシコに旅行に行きました。
0999	We don't (　　) (　　) eggs (　　) (　　) a cake. ▶ ケーキを作るのに十分な卵がありません。
0996	Mom, can I stay home today? I think I (　　) (　　) (　　). ▶ お母さん，今日は家にいてもいい？ 風邪をひいてると思うの。
0990	Last weekend, I (　　) (　　) (　　) (　　) (　　) with Betty. ▶ 先週末，私はベティと映画を見に行きました。
0986	It's a beautiful day. Why don't we (　　) (　　) (　　) lunch? ▶ 天気がいいわね。ランチに出かけましょうよ。
0993	After (　　) (　　) university, she started to work as a nurse. ▶ 彼女は大学を卒業した後，看護師として働き始めました。
0995	Steve (　　) (　　) (　　) (　　) (　　) to the writer. ▶ スティーブはその作家と話す機会がありました。
0998	(　　) you ever (　　) (　　) Australia? ▶ これまでにオーストラリアに行ったことがありますか。
0997	I'm glad to hear that you're (　　) (　　) (　　) (　　) in London. ▶ 私はあなたがロンドンで楽しく過ごしていると聞いてうれしいです。
0987	I'm (　　) (　　) tomorrow. Do you want to come with me? ▶ 明日買い物に行くの。一緒に行かない？
0994	Tom wants to be a pilot when he (　　) (　　). ▶ トムは大きくなったらパイロットになりたいと思っています。
1000	The weather was not good, but I (　　) (　　). ▶ 天気はよくありませんでしたが，楽しみました。
0982	I (　　) (　　) (　　) (　　) in the park yesterday. ▶ 私は昨日公園に散歩に行きました。
0988	(　　) (　　) and turn left at the next corner. ▶ まっすぐ行って次の角で左に曲がってください。
0981	I often (　　) (　　) with my father on weekends. ▶ 私は週末によく父と釣りに行きます。
0983	Children, it's time to (　　) (　　). ▶ 子どもたち，家に帰る時間ですよ。

熟語編
でる度 A
1001 ～ 1020

Unit 50の復習テスト解答 0991 go to the doctor 0984 went on a, tour 0989 go to bed 0992 go to work 0985 went on a trip 0999 have enough, to make 0996 have a cold 0990 went to see a movie 0986 go out for 0993 graduating from 0995 had a chance to talk 0998 Have, been to 0997 having a great time 0987 going shopping 0994 grows up 1000 had fun 0982 went for a walk 0988 Go straight 0981 go fishing 0983 go home

書いて記憶

学習日　　月　　日

熟語	1回目	2回目	意味
1021 leave *A* at home			Aを家に置き忘れる
1022 leave a message			伝言を残す
1023 look around (～)			辺りを見回す，～を見て回る
1024 look for ～			～を探す
1025 look forward to *doing* [*A*]			～するのを［Aを］楽しみに待つ
1026 look well			元気そうに見える
1027 lots of ～			多くの～
1028 make a speech			スピーチ［演説］をする
1029 more than ～			～より多い
1030 most of ～			～のほとんど
1031 move to ～			～に引っ越す，～に移動する
1032 near here			この近くに
1033 need to *do*			～する必要がある
1034 not ～ at all			まったく～ない
1035 not ～ yet			まだ～ない
1036 not have to *do*			～しなくてよい
1037 not only *A* but also *B*			AだけでなくBも
1038 on business			仕事で
1039 on *one's* [the] right			右手に
1040 on *one's* [the] way home			家に帰る途中で

Unit 51の復習テスト ⇒忘れていた熟語は，別冊に書き込もう！

ID	訳文に合う英文になるように空欄に熟語を書こう
1004	I (　　　) (　　　) (　　　) this report by next Monday. ▶ 私はこのレポートを来週の月曜日までに終えなければなりません。
1003	We didn't (　　　) (　　　) (　　　) (　　　) her last Sunday. ▶ この前の日曜日には彼女を訪ねる時間がありませんでした。
1002	I (　　　) (　　　) (　　　) (　　　) Paris. ▶ 私はパリに行ったことがありません。
1016	Nancy (　　　) us (　　　) her birthday party. ▶ ナンシーは私たちを誕生日パーティーに招待してくれました。
1006	(　　　) (　　　) (　　　) have you been to Hawaii? ▶ ハワイには何回行ったことがありますか。
1005	(　　　) (　　　) is the show? ▶ 上映はどのくらいの長さですか。
1001	We (　　　) (　　　) at an Italian restaurant near the museum. ▶ 私たちは博物館近くのイタリア料理店で昼食をとりました。
1007	(　　　) (　　　) do you play tennis? ▶ どのくらいの頻度でテニスをしますか。
1013	Kathy fell asleep (　　　) (　　　) (　　　) (　　　) the concert. ▶ キャシーはコンサートの最中に眠ってしまいました。
1017	(　　　) (　　　) difficult (　　　) me (　　　) (　　　) the report today. ▶ 今日中にレポートを仕上げるのは私には難しいのです。
1014	I studied at the library (　　　) (　　　) (　　　). ▶ 午前中に，私は図書館で勉強しました。
1009	(　　　) (　　　), or we'll be late for the concert. ▶ 急がないとコンサートに遅れちゃうよ。
1008	My grandmother taught me (　　　) (　　　) (　　　) an apple pie. ▶ 祖母がアップルパイの作り方を教えてくれました。
1012	(　　　) (　　　) (　　　), we should have another parking area near the station. ▶ 私の意見では，駅の近くに駐車場がもう1つ必要です。
1010	(　　　) (　　　) (　　　) (　　　) this package to the U.S. ▶ この荷物をアメリカに送りたいのですが。
1011	Let's meet (　　　) (　　　) (　　　) the department store at noon. ▶ 正午にデパートの前で会いましょう。
1020	Everyone (　　　) (　　　) his funny story. ▶ みんなが彼のこっけいな話を聞いて笑いました。
1015	Mt. Everest is the highest mountain (　　　) (　　　) (　　　). ▶ エベレスト山は世界で最も高い山です。
1018	(　　　) (　　　) me a month (　　　) (　　　) the book. ▶ その本を読むのに1か月かかりました。
1019	I went skiing with my friend (　　　) (　　　). ▶ 先週，私は友だちとスキーに行きました。

熟語編
でる度 A
1021 ～ 1040

Unit 51の復習テスト解答 1004 have to finish　1003 have time to visit　1002 have never been to　1016 invited, to　1006 How many times　1005 How long　1001 had lunch　1007 How often　1013 in the middle of　1017 It is, for, to finish　1014 in the morning　1009 Hurry up　1008 how to make　1012 In my opinion　1010 I'd like to send　1011 in front of　1020 laughed at　1015 in the world　1018 It took, to read　1019 last week

書いて記憶

学習日　　月　　日

熟語	1回目	2回目	意味
1041 on *one's* [the] way to ～			～へ行く途中で
1042 on weekends			週末に
1043 one more (名詞)			もう1人[1つ]の～
1044 one of ～			～の1人[1つ]
1045 one of the＋(形容詞の最上級)＋(複数名詞)			最も～な…の1つ
1046 over there			向こうで[に]
1047 pass the [an] exam			試験に合格する
1048 pick up ～			～を車で迎えに来る[行く]
1049 put on ～			～を着る
1050 receive a prize			賞を受ける
1051 right now			ちょうど今，すぐに
1052 run away			逃げ去る，走り去る
1053 save money			貯金する
1054 say hello to ～			～によろしく伝える
1055 shake hands with ～			～と握手する
1056 shout at ～			～に叫ぶ
1057 show *A* how to *do*			A(人)に～のやり方を教える
1058 so (形容詞/副詞) that ～			とても…なので～
1059 something (形容詞)			何か～なもの
1060 something to *do*			何か～する[すべき]もの

Unit 52の復習テスト ⇒忘れていた熟語は，別冊に書き込もう！

ID	訳文に合う英文になるように空欄に熟語を書こう
1033	We (　　　) (　　　) (　　　) someone who can speak French. ▶ 私たちはフランス語が話せる人を見つける必要があります。
1029	There were (　　　) (　　　) 100 people at the party. ▶ そのパーティーには100人を超える人がいました。
1039	Turn left at that flower shop, and you'll see it (　　　) (　　　) (　　　). ▶ あの花屋を左に曲がるとそれが右手に見えますよ。
1028	Gordon had to (　　　) (　　　) long (　　　) at a meeting yesterday. ▶ ゴードンは昨日の会合で長いスピーチをしなければなりませんでした。
1031	The office (　　　) (　　　) a different floor. ▶ オフィスは違う階に移動しました。
1034	I did (　　　) understand what Mike said (　　　) (　　　). ▶ 私はマイクの言うことがまったく理解できませんでした。
1023	I didn't have enough time to (　　　) (　　　) the town. ▶ 町を見て回る時間が十分にありませんでした。
1032	Are there any good restaurants (　　　) (　　　)? ▶ この近くによいレストランはありますか。
1036	You do (　　　) (　　　) (　　　) (　　　) everything. ▶ 全部食べなくていいんだよ。
1035	I have (　　　) finished cleaning my room (　　　). ▶ 私はまだ部屋の掃除を終えていません。
1030	(　　　) (　　　) the students go to school by bus. ▶ 生徒のほとんどがバスで学校へ行きます。
1024	We went out to (　　　) (　　　) the lost dog. ▶ 私たちは迷子の犬を探しに出かけました。
1038	Linda's father sometimes goes to Los Angeles (　　　) (　　　). ▶ リンダの父親はときどき仕事でロサンゼルスへ行きます。
1027	You don't have to bring anything. There will be (　　　) (　　　) food. ▶ 何も持ってこなくていいですよ。食べるものはたくさんあります。
1040	I'll get something for dinner (　　　) (　　　) (　　　) (　　　). ▶ 家に帰る途中で夕食に何か買うよ。
1037	(　　　) (　　　) Cathy (　　　) (　　　) her sister can dance very well. ▶ キャシーだけでなく彼女の妹もとてもダンスがじょうずです。
1021	I (　　　) my wallet (　　　) (　　　). ▶ 私は家に財布を置いてきてしまいました。
1025	I'm (　　　) (　　　) (　　　) (　　　) you again. ▶ またあなたに会えるのを楽しみにしています。
1026	What's the matter? You don't (　　　) (　　　). ▶ どうしたの？ 具合がよくなさそうだね。
1022	Sorry, but she is out now. Would you like to (　　　) (　　　) (　　　)? ▶ 申し訳ありませんが，彼女は今，外出中です。伝言はございますか。

Unit 52の復習テスト解答 1033 need to find　1029 more than　1039 on your right　1028 make a, speech　1031 moved to　1034 not, at all　1023 look around　1032 near here　1036 not have to eat　1035 not, yet　1030 Most of　1024 look for　1038 on business　1027 lots of　1040 on my way home　1037 Not only, but also　1021 left, at home　1025 looking forward to seeing　1026 look well　1022 leave a message

書いて記憶

学習日　　月　　日

熟語	1回目	2回目	意味
1061 spend *A* on ～			A(時間・お金)を～に費やす
1062 stay home			家にいる
1063 stay up late			夜更かしする
1064 such a [an] (形容詞) (名詞)			そのような～
1065 take *A* to *B*			AをBに連れていく
1066 take a picture			写真を撮る
1067 take care of ～			～の世話をする
1068 take lessons			レッスンを受ける
1069 take off			離陸する
1070 take off ～			～を脱ぐ
1071 take part in ～			～に参加する
1072 talk on the phone			電話で話す
1073 tell *A* how to *do*			A(人)に～のやり方を教える
1074 tell *A* to *do*			A(人)に～するように言う
1075 than usual			いつもより
1076 the other day			先日
1077 think about *doing*			～することについて考える
1078 think of ～			～のことを考える
1079 this morning			今朝
1080 throw away ～			～を捨てる

Unit 53の復習テスト　⇒忘れていた熟語は，別冊に書き込もう！

ID	訳文に合う英文になるように空欄に熟語を書こう
1052	The news says that a lion (　　　) (　　　) from the zoo. ▶ ニュースによると，1頭のライオンが動物園から逃げ出しました。
1043	I think we need (　　　) (　　　) volunteer. ▶ 私たちにはボランティアがもう1人必要だと思います。
1060	I want to get (　　　) (　　　) (　　　) on the train. ▶ 何か電車の中で読むものを買いたいです。
1050	She (　　　) the first (　　　) in the contest. ▶ 彼女はそのコンテストで1等賞を取りました。
1048	Hello, Mom? It's raining. Could you (　　　) me (　　　) at the station? ▶ もしもし，お母さん？　雨が降っているの。駅に車で迎えに来てくれない？
1042	What do you usually do (　　　) (　　　)? ▶ 週末にはたいてい何をしますか。
1046	Who is the girl playing tennis (　　　) (　　　)? ▶ 向こうでテニスをしている女の子はだれですか。
1044	They have three children. (　　　) (　　　) them is a college student. ▶ 彼らには3人の子どもがいます。そのうちの1人は大学生です。
1055	You can (　　　) (　　　) (　　　) the members of the band over there. ▶ 向こうでバンドのメンバーと握手することができます。
1053	Jane is working after school to (　　　) (　　　). ▶ ジェーンはお金を貯めるため，放課後に働いています。
1045	Boston is (　　　) (　　　) (　　　) oldest cities in the U.S. ▶ ボストンはアメリカで最も古い都市の1つです。
1054	I can't go with you. Please (　　　) (　　　) (　　　) Grandma for me. ▶ 私は一緒に行けないわ。おばあちゃんによろしく伝えてね。
1047	Study hard, and you'll (　　　) the (　　　). ▶ 一生懸命に勉強すれば試験に合格するでしょう。
1058	We were (　　　) tired (　　　) we went to bed early. ▶ 私たちは非常に疲れていたので，早く寝ました。
1041	Jason often buys coffee (　　　) (　　　) (　　　) (　　　) work. ▶ ジェイソンはよく仕事へ行く途中でコーヒーを買います。
1049	It was cold, so I (　　　) (　　　) a coat. ▶ 寒かったのでコートを着ました。
1051	I'm afraid she can't get to the phone (　　　) (　　　). ▶ あいにく彼女はただ今電話に出ることができません。
1059	Let's make (　　　) special for dinner. ▶ 夕食に何か特別なものを作りましょう。
1056	He (　　　) (　　　) his son, "Watch out! A car is coming." ▶ 彼は息子に「危ない！　車が来ているよ」と叫びました。
1057	Can you (　　　) me (　　　) (　　　) (　　　) this machine? ▶ この機械の使い方を教えてくれますか。

Unit 53の復習テスト解答　1052 ran away　1043 one more　1060 something to read　1050 received, prize　1048 pick, up　1042 on weekends　1046 over there　1044 One of　1055 shake hands with　1053 save money　1045 one of the　1054 say hello to　1047 pass, exam　1058 so, that　1041 on his way to　1049 put on　1051 right now　1059 something　1056 shouted at　1057 show, how to use

書いて記憶

学習日　　月　　日

熟語	1回目	2回目	意味
1081 too (形容詞/副詞) to *do*			とても…なので～できない
1082 travel to ～			～へ旅行する
1083 try on ～			～を試着する
1084 turn down ～			(テレビやラジオなど)の音量を下げる
1085 turn left [right]			左[右]に曲がる
1086 turn off ～			(水道・ガス・明かりなど)を消す[止める]
1087 turn on ～			(水道・ガス・明かりなど)をつける[出す]
1088 turn up ～			(テレビやラジオなど)の音量を上げる
1089 twice a month [week, day]			月[週，日]に2回
1090 visit [see] *A* in the hospital			入院中のA(人)を見舞う
1091 wait for ～			～を待つ
1092 wake up			起きる，目が覚める
1093 walk along ～			～に沿って歩く
1094 want *A* to *do*			A(人)に～してもらいたい
1095 want to be [become]			～になりたい
1096 what to *do*			何を～すべきか
1097 when to *do*			いつ～すべきか
1098 where to *do*			どこへ[で]～すべきか
1099 work well			うまくいく
1100 ～ year(s) old			～歳

Unit 54の復習テスト ⇒忘れていた熟語は，別冊に書き込もう！

ID	訳文に合う英文になるように空欄に熟語を書こう
1076	I met an old friend of mine on the street ( ) ( ) ( ). ▶ 先日，私は通りで昔の友だちに会いました。
1070	He ( ) ( ) his hat and greeted the teacher. ▶ 彼は帽子を脱いで先生にあいさつをしました。
1072	Do you know that man ( ) ( ) ( ) ( )? ▶ 電話で話しているあの男性を知っていますか。
1069	Our plane ( ) ( ) on time. ▶ 私たちの飛行機は定刻に離陸しました。
1067	Who's going to ( ) ( ) ( ) your dog while you're on vacation? ▶ 休暇中はだれが君の犬の世話をするのですか。
1066	Jenny ( ) a lot of ( ) during her trip. ▶ ジェニーは旅行中に写真をたくさん撮りました。
1062	I have to ( ) ( ) and take care of my little sister. ▶ 私は家にいて妹の面倒をみなければなりません。
1071	Lisa is going to ( ) ( ) ( ) the speech contest next month. ▶ リサは来月スピーチコンテストに参加するつもりです。
1074	My mother often ( ) me ( ) ( ) books. ▶ 母はよく私に本を読むように言います。
1078	What do you ( ) ( ) his opinion? ▶ 彼の意見をどう思いますか。
1079	It was raining ( ) ( ), but it's sunny now. ▶ 今朝は雨が降っていましたが，今は晴れています。
1061	Mr. Smith ( ) a lot of money ( ) books. ▶ スミス氏は本に多くのお金を使います。
1075	Makoto got up earlier ( ) ( ) to do his homework. ▶ マコトは宿題をするためにいつもより早く起きました。
1064	I've never had ( ) ( ) delicious cake. ▶ こんなおいしいケーキは食べたことがありません。
1077	I'm ( ) ( ) ( ) a part-time job. ▶ アルバイトをしようと考えています。
1065	Dad ( ) me ( ) the baseball game. ▶ 父さんはぼくをその野球の試合に連れていってくれました。
1063	I'm sleepy because I ( ) ( ) ( ) last night. ▶ 昨夜夜更かししたので眠いです。
1080	Don't ( ) ( ) these magazines. I need them for my report. ▶ これらの雑誌は捨てないでください。レポートに必要なのです。
1068	Laura ( ) piano ( ) because she wants to be a pianist. ▶ ローラはピアニストになりたいのでピアノのレッスンを受けている。
1073	Could you ( ) me ( ) ( ) ( ) to the museum? ▶ 博物館への行き方を教えていただけませんか。

Unit 54の復習テスト解答 1076 the other day 1070 took off 1072 talking on the phone 1069 took off 1067 take care of 1066 took, pictures 1062 stay home 1071 take part in 1074 tells, to read 1078 think of 1079 this morning 1061 spends, on 1075 than usual 1064 such a 1077 thinking about doing 1065 took, to 1063 stayed up late 1080 throw away 1068 takes, lessons 1073 tell, how to get

Unit 55の復習テスト　⇒忘れていた熟語は，別冊に書き込もう！

ID	訳文に合う英文になるように空欄に熟語を書こう
1096	I don't know (　　　) (　　　) (　　　) for the school trip. ▶ 遠足に**何を着ていけばよいか**わかりません。
1095	I (　　　) (　　　) (　　　) an astronaut in the future. ▶ ぼくは将来，宇宙飛行士**になりたいです**。
1091	I'll (　　　) (　　　) you in the gym. ▶ 体育館であなた**を待って**います。
1092	Lucy (　　　) (　　　) early today. ▶ ルーシーは今日早く**起きた**。
1093	I like (　　　) (　　　) the river in spring. ▶ 私は春に川**沿いを歩く**のが好きです。
1084	Could you (　　　) (　　　) the music? I'm studying. ▶ 音楽**の音量を下げて**くれませんか。勉強しているのです。
1090	I (　　　) my friend (　　　) (　　　) (　　　). ▶ 私は**入院中の**友人**を見舞いに行きました**。
1100	I visited China when I was ten (　　　) (　　　). ▶ 私は10**歳**のときに中国を訪れました。
1081	Paul was (　　　) busy (　　　) (　　　) to Ms. Brown's farewell party. ▶ ポールは**あまりに**忙しかった**ので**ブラウン先生のお別れ会に**行けません**でした。
1082	He (　　　) (　　　) Seattle by train. ▶ 彼は列車でシアトル**へ旅行しました**。
1097	We talked about (　　　) (　　　) (　　　) the welcome party for Mr. Scott. ▶ 私たちはスコットさんの歓迎会**をいつ開くべきか**話し合いました。
1085	(　　　) (　　　) at the second traffic light. ▶ 2つ目の信号で**左に曲がって**ください。
1087	It's cold here. Shall we (　　　) (　　　) the heater? ▶ ここは寒いですね。暖房**をつけ**ましょうか。
1089	I work at the hospital as a volunteer (　　　) (　　　) (　　　). ▶ 私は**月に2回**，ボランティアとして病院で働いています。
1088	I can't hear the radio well. Can you (　　　) it (　　　)? ▶ ラジオがよく聞こえません。**音量を上げて**くれますか。
1098	The summer vacation starts next week, but we haven't decided (　　　) (　　　) (　　　) yet. ▶ 来週から夏休みが始まりますが，**どこへ行くか**まだ決めていません。
1094	My father (　　　) me (　　　) (　　　) a doctor. ▶ 父はぼく**に**医者**になってほしいと思っています**。
1083	I like this hat. May I (　　　) it (　　　)? ▶ この帽子が気に入っています。**試着して**もよろしいですか。
1099	The plan (　　　) very (　　　). ▶ その計画はとても**うまくいきました**。
1086	(　　　) (　　　) the light when you leave the room. ▶ 部屋を出るときには，明かり**を消して**ください。

Unit 55の復習テスト解答　1096 what to wear　1095 want to be　1091 wait for　1092 woke up　1093 walking along　1084 turn down　1090 visited, in the hospital　1100 years old　1081 too, to go　1082 traveled to　1097 when to hold　1085 Turn left　1087 turn on　1089 twice a month　1088 turn, up　1098 where to go　1094 wants, to become　1083 try, on　1099 worked, well　1086 Turn off

熟語編

でる度 **B** 差がつく応用熟語

200

Unit 56
～
Unit 65

書いて記憶

学習日　　月　　日

熟語	1回目	2回目	意味
1101 a couple of ～			2つ[2人]の～，2，3の～
1102 a friend of mine			私の友だちの1人
1103 a number of ～			多くの～，多数の～
1104 (a) part of ～			～の一部
1105 all day (long)			一日中
1106 all night (long)			一晩中
1107 all the time			常に，いつでも
1108 all the way			はるばる，ずっと
1109 ～ and so on			～など
1110 another (形容詞) minute(s)			あと～分
1111 as many (名詞) as ～			～ほどたくさんの…
1112 as much as *A* can			Aができるだけ(たくさん)
1113 as much as possible			できるだけ(たくさん)
1114 as soon as ～			～するとすぐに
1115 *A* as well as *B*			Bと同様にAも
1116 as you know			ご存じのように
1117 at a time			一度に
1118 at least			少なくとも
1119 at once			すぐに
1120 at the age of ～			～歳のときに

書いて記憶

学習日　　月　　日

熟語	1回目	2回目	意味
1121 at the foot of ～			～のふもとに
1122 be afraid of ～			～を恐れる
1123 be at home			家にいる
1124 be at *one's* desk			机に向かっている，席についている
1125 be back			戻る
1126 be busy with ～			～で忙しい
1127 be careful (about ～)			(～に)気をつける
1128 be close to ～			～に近い
1129 be familiar with ～			～をよく知っている
1130 be filled with ～			～でいっぱいである
1131 be fond of ～			～が好きだ，～を好む
1132 be known as ～			～として知られている
1133 be known to ～			～に知られている
1134 be over			終わる
1135 be pleased to *do*			～してうれしい
1136 be satisfied with ～			～に満足している
1137 be scared of ～			～を恐れる，～が怖い
1138 be sick in bed			病気で寝ている
1139 be similar to ～			～に似ている
1140 be sorry for *doing*			～して申し訳なく思う

Unit 56の復習テスト ⇒忘れていた熟語は，別冊に書き込もう！

ID	訳文に合う英文になるように空欄に熟語を書こう
1112	I want to learn (　　　) (　　　) (　　　) I (　　　) during my homestay in Canada. ▶ カナダでのホームステイの間に**できるだけ多く**学びたいと思います。
1109	He took her to the Statue of Liberty, Broadway, (　　　) (　　　) (　　　). ▶ 彼は彼女を自由の女神像，ブロードウェイ**など**に連れていきました。
1101	I'm going to stay in Oxford for (　　　) (　　　) (　　　) weeks. ▶ 私は**2，3**週間オックスフォードに滞在するつもりです。
1114	Please call me (　　　) (　　　) (　　　) you get home. ▶ 家に着いた**らすぐに**私に電話をください。
1110	Could you give me (　　　) ten (　　　)? ▶ **あと** 10**分**待ってもらえますか。
1118	I have (　　　) (　　　) a hundred CDs. ▶ 私は**少なくとも** 100枚のCDを持っています。
1111	I don't have (　　　) (　　　) books (　　　) you. ▶ 私はあなた**ほどたくさんの**本を持っていません。
1108	He had to walk (　　　) (　　　) (　　　) home from school. ▶ 彼は学校から家まで**ずっと**歩かなければなりませんでした。
1104	Cleaning these rooms is (　　　) (　　　) his job. ▶ これらの部屋を掃除することは彼の仕事**の一部**です。
1107	He never listens. He just talks (　　　) (　　　) (　　　). ▶ 彼は決して人の話を聞かない。**いつも**しゃべってばかりだ。
1103	(　　　) (　　　) (　　　) people were saved from the burning building. ▶ **たくさんの**人が燃えるビルから救助された。
1115	They grow fruit (　　　) (　　　) (　　　) vegetables. ▶ 彼らは野菜**だけでなく**果物**も**栽培しています。
1105	It will be sunny (　　　) (　　　) tomorrow. ▶ 明日は**一日中**晴れるでしょう。
1116	(　　　) (　　　) (　　　), ice hockey is a very popular sport in Canada. ▶ **ご存じのように**，アイスホッケーはカナダでとても人気のあるスポーツです。
1106	I studied for the exam (　　　) (　　　). ▶ 私は**一晩中**試験勉強をしました。
1102	I went cycling with (　　　) (　　　) (　　　) (　　　). ▶ 私は**友だちの1人**とサイクリングに行きました。
1120	Our teacher went to America (　　　) (　　　) (　　　) (　　　) twenty-three. ▶ 私たちの先生は23**歳のときに**アメリカに行きました。
1113	Naomi tried to speak English (　　　) (　　　) (　　　) (　　　). ▶ ナオミは**できるだけ**英語を話そうと試みました。
1117	It's difficult to listen to five different people (　　　) (　　　) (　　　). ▶ **一度に**5人の言うことに耳を傾けるのは困難です。
1119	When Mr. Jones opened the door, the students stopped talking (　　　) (　　　). ▶ ジョーンズ先生がドアを開けると，生徒たちは**すぐに**話すのをやめました。

Unit 56の復習テスト解答 1112 as much as, can　1109 and so on　1101 a couple of　1114 as soon as　1110 another, minutes　1118 at least　1111 as many, as　1108 all the way　1104 part of　1107 all the time　1103 A number of　1115 as well as　1105 all day　1116 As you know　1106 all night　1102 a friend of mine　1120 at the age of　1113 as much as possible　1117 at a time　1119 at once

書いて記憶

学習日 月 日

熟語	1回目	2回目	意味
1141 be surprised to *do*			～して驚く
1142 be tired from ～			～で疲れている
1143 be tired of *doing*			～することに飽きる［うんざりする］
1144 because of ～			～のために
1145 belong to ～			～に属する
1146 brush *one's* teeth			歯をみがく
1147 by the way			ところで
1148 call *A* back			A(人)に折り返し電話する
1149 care about ～			～を気づかう
1150 catch a cold			風邪をひく
1151 change trains			電車を乗り換える
1152 cheer up ～			～を元気づける
1153 cut down ～			～を切り倒す
1154 day after day			くる日もくる日も，毎日
1155 day and night			昼も夜も
1156 depend on ～			～次第である
1157 die of ～			～で死ぬ
1158 drive *A* home			A(人)を車で家まで送る
1159 either *A* or *B*			AかBのどちらか
1160 enjoy *oneself*			楽しむ，楽しく過ごす

Unit 57の復習テスト ⇒忘れていた熟語は，別冊に書き込もう！

ID	訳文に合う英文になるように空欄に熟語を書こう
1137	Emily can't swim in a pool because she (　　) (　　) (　　) water. ▶ エミリーは水**が怖い**のでプールで泳ぐことができません。
1133	That singer (　　) (　　) (　　) people all over the world. ▶ あの歌手は世界中の人々**に知られています**。
1121	Her town is (　　) (　　) (　　) (　　) a mountain. ▶ 彼女の町は山**のふもとに**あります。
1134	The game (　　) (　　) when George arrived. ▶ ジョージが到着したとき，試合は**終わっていました**。
1127	I think you should (　　) more (　　) (　　) your health. ▶ あなたはもっと健康**に気をつけ**た方がいいと思います。
1123	Will you (　　) (　　) (　　) this evening? ▶ あなたは今晩，**家にいます**か。
1136	I (　　) (　　) (　　) their service. ▶ 私は彼らのサービス**に満足です**。
1131	She (　　) (　　) (　　) traveling. ▶ 彼女は旅行をするの**が好きです**。
1124	I'm afraid she (　　) not (　　) (　　) (　　) right now. ▶ あいにく彼女はただ今**席におり**ません。
1135	I (　　) (　　) (　　) (　　) you. ▶ あなた**にお会いできてうれしく思います**。
1129	I (　　) not (　　) (　　) the city, so I didn't know where to go. ▶ 私はその街**をよく知ら**なかったので，どこに行けばよいかわかりませんでした。
1138	Mary has (　　) (　　) (　　) (　　) for ten days. ▶ メアリーは10日間**病気で寝て**います。
1132	Chicago (　　) (　　) (　　) "the Windy City." ▶ シカゴは「風の（強い）都市」**として知られています**。
1130	The hall (　　) (　　) (　　) young people. ▶ そのホールは若者**でいっぱいでした**。
1128	His house (　　) (　　) (　　) the river, so he often goes swimming there. ▶ 彼の家は川**の近くにある**ので，彼はよくそこに泳ぎに行きます。
1125	Mom, I'm going out now, but I'll (　　) (　　) before dinner. ▶ お母さん，今から外出するけど，夕食までには**戻る**ね。
1140	I (　　) very (　　) (　　) (　　) my promise. ▶ 約束**を破ってしまって**本当に**ごめんなさい**。
1122	Don't (　　) (　　) (　　) making mistakes. ▶ 間違えること**を恐れて**はいけません。
1139	His way of thinking (　　) (　　) (　　) yours. ▶ 彼の考え方はあなたの考え方**と似ています**。
1126	My father (　　) (　　) (　　) his work. ▶ 私の父は仕事**で忙しいです**。

Unit 57の復習テスト解答 1137 is scared of　1133 is known to　1121 at the foot of　1134 was over　1127 be, careful about　1123 be at home　1136 am satisfied with　1131 is fond of　1124 is, at her desk　1135 am pleased to meet　1129 was, familiar with　1138 been sick in bed　1132 is known as　1130 was filled with　1128 is close to　1125 be back　1140 am, sorry for breaking　1122 be afraid of　1139 is similar to　1126 is busy with

書いて記憶

学習日　　月　　日

熟語	1回目	2回目	意味
1161 even if ~			たとえ～でも
1162 every other day			1日おきに
1163 fall asleep			眠りに落ちる
1164 fall in love with ~			～に恋をする
1165 far away			遠くに
1166 far from ~			～から遠い
1167 feel at home			くつろぐ
1168 feel better			体調がよくなる， 気分がよくなる
1169 feel like *doing*			～したい気がする
1170 feel sick			気分が悪い
1171 fill in ~			～に［を］記入する
1172 fill up (with~)			(～で)いっぱいになる
1173 for a minute			少しの間，一瞬
1174 for a while			しばらくの間
1175 for fun			楽しみで
1176 for *oneself*			自分のために，自分で
1177 for some time			しばらく［少し］の間
1178 forget to *do*			～することを忘れる
1179 from abroad			海外から(の)
1180 from beginning to end			始めから終わりまで

Unit 58の復習テスト ⇒忘れていた熟語は，別冊に書き込もう！

ID	訳文に合う英文になるように空欄に熟語を書こう
1144	We didn't go to see the soccer game (　　　) (　　　) bad weather. ▶ 悪天候のためサッカーの試合を見に行きませんでした。
1153	If you (　　　) (　　　) that tree, you will get more light in winter. ▶ あの木を切り倒せば，冬にもっと光が当たるでしょう。
1156	It (　　　) (　　　) the weather. If it's sunny, I'll go fishing. ▶ 天気次第です。晴れたら釣りに行きます。
1147	(　　　) (　　　) (　　　), how was your trip to New Zealand? ▶ ところで，ニュージーランドへの旅行はいかがでしたか。
1159	(　　　) you (　　　) Bob must do it. ▶ 君かボブのどちらかがそれをしなければなりません。
1148	I'm afraid she is out. Do you want her to (　　　) you (　　　)? ▶ あいにく彼女は外出しています。折り返し電話をかけさせましょうか。
1150	He (　　　) (　　　) (　　　) and couldn't go on the school trip. ▶ 彼は風邪をひいて遠足に行けませんでした。
1143	I (　　　) (　　　) (　　　) (　　　) TV. Let's go for a walk. ▶ テレビを見るのに飽きました。散歩に行きましょう。
1155	The work continues (　　　) (　　　) (　　　). ▶ その作業は日夜続きます。
1154	(　　　) (　　　) (　　　), he wears the same jacket. ▶ 毎日，彼は同じジャケットを着ています。
1146	Sam, (　　　) (　　　) (　　　) before going to bed. ▶ サム，寝る前に歯をみがきなさい。
1142	He went to bed earlier because he (　　　) (　　　) (　　　) traveling. ▶ 彼は旅行で疲れていたので，早めに寝ました。
1149	If you (　　　) (　　　) your health, why don't you exercise? ▶ 健康を気づかうなら，運動してはどうですか。
1145	I (　　　) (　　　) the photography club at school. ▶ 私は学校で写真部に所属しています。
1151	Get off at Central Park and (　　　) (　　　) there. ▶ セントラルパーク駅で降りて，電車を乗り換えてください。
1141	I (　　　) (　　　) (　　　) (　　　) so many people at the festival. ▶ 私はそのお祭りでとても多くの人を見て驚きました。
1157	She (　　　) (　　　) old age at the age of 90. ▶ 彼女は90歳で，老衰で亡くなりました。
1158	It's getting dark. Shall I (　　　) you (　　　)? ▶ 暗くなってきたよ。家まで車で送っていこうか。
1152	Let's try to (　　　) (　　　) Naomi. ▶ ナオミを元気づけよう。
1160	I hope you will (　　　) (　　　) at the party. ▶ あなたがパーティーで楽しく過ごすことを望んでいます。

Unit 58の復習テスト解答 1144 because of　1153 cut down　1156 depends on　1147 By the way　1159 Either, or　1148 call, back　1150 caught a cold　1143 am tired of watching　1155 day and night　1154 Day after day　1146 brush your teeth　1142 was tired from　1149 care about　1145 belong to　1151 change trains　1141 was surprised to see　1157 died of　1158 drive, home　1152 cheer up　1160 enjoy yourself

書いて記憶

学習日　　月　　日

熟語	1回目	2回目	意味
1181 get angry			怒る
1182 get away from ~			～から離れる［逃げる］
1183 get back (from ~)			(～から)戻る
1184 get better			じょうずになる，上達する
1185 get excited			興奮する
1186 get in ~			～に入る，～に乗りこむ
1187 get out of ~			～から出る
1188 get well			健康になる，(病気が)治る
1189 give back ~			～を返す
1190 give up *doing*			～することをやめる［あきらめる］
1191 go abroad			海外に行く
1192 go away			立ち去る，(痛み，問題などが)なくなる
1193 go by			(時が)過ぎ去る
1194 go into ~			～に入る
1195 go to sleep			寝る
1196 had better *do*			～した方がよい
1197 happen to *do*			たまたま～する，偶然～する
1198 have a baby			赤ちゃんを産む
1199 have a dream			夢を持つ
1200 have a fight			けんかをする

Unit 59の復習テスト ⇒忘れていた熟語は，別冊に書き込もう！

ID	訳文に合う英文になるように空欄に熟語を書こう
1168	I had a fever this morning, but now I'm (　　　) (　　　). ▶ 今朝は熱がありましたが，今は**気分がよくなりました**。
1169	I don't (　　　) (　　　) (　　　) to see a movie tonight. ▶ 今夜は映画を見に**行きたい気分で**はありません。
1176	Kevin sometimes cooks (　　　) (　　　). ▶ ケビンはときどき**自分で**料理を作ります。
1164	Nancy (　　　) (　　　) (　　　) (　　　) one of her classmates. ▶ ナンシーは同級生の1人**に恋をしました**。
1161	She ran every morning (　　　) (　　　) it rained. ▶ **たとえ**雨が降っ**ても**彼女は毎朝走りました。
1171	Please (　　　) (　　　) the blanks. ▶ 空所**に記入して**ください。
1170	I have a headache and (　　　) (　　　). ▶ 頭痛がして**気分が悪いです**。
1174	She went to the cafeteria to rest (　　　) (　　　) (　　　). ▶ 彼女は**しばらく**休憩しにカフェテリアに行きました。
1179	Volunteers will help people (　　　) (　　　) at the event. ▶ その催しでは，ボランティアが**海外から**来た人たちを手伝います。
1178	Don't (　　　) (　　　) (　　　) this letter on your way to school. ▶ 学校に行く途中で，この手紙**を投函するのを忘れ**ないでください。
1175	Jeff is learning painting (　　　) (　　　). ▶ ジェフは**楽しみで**絵画を習っています。
1163	Today he was so tired that he (　　　) (　　　) during class. ▶ 今日彼はとても疲れていたので，授業中に**眠ってしまいました**。
1173	Helen, can you come here (　　　) (　　　) (　　　)? ▶ ヘレン，**ちょっと**ここに来てくれますか。
1167	She (　　　) (　　　) (　　　) in Canada. ▶ 彼女はカナダに来ると**くつろいだ気分になります**。
1172	The room (　　　) (　　　) (　　　) desks and chairs. ▶ その部屋は机といす**でいっぱいになりました**。
1180	I read the whole book (　　　) (　　　) (　　　) (　　　) in one day. ▶ 私はその本を1日で**始めから終わりまで**全部読みました。
1162	Mike goes to the gym (　　　) (　　　) (　　　). ▶ マイクは**1日おきに**ジムに行きます。
1177	I haven't seen her (　　　) (　　　) (　　　). ▶ 私は**しばらく**彼女に会っていません。
1165	My father usually drives me to school because I live (　　　) (　　　). ▶ **遠くに**住んでいるので，いつも父が学校まで車で送ってくれます。
1166	Is your house (　　　) (　　　) the station? ▶ あなたの家は駅**から遠い**ですか。

Unit 59の復習テスト解答 1168 feeling better 1169 feel like going 1176 for himself 1164 fell in love with 1161 even if 1171 fill in 1170 feel sick 1174 for a while 1179 from abroad 1178 forget to mail 1175 for fun 1163 fell asleep 1173 for a minute 1167 feels at home 1172 filled up with 1180 from beginning to end 1162 every other day 1177 for some time 1165 far away 1166 far from

書いて記憶

学習日　　月　　日

熟語	1回目	2回目	意味
1201 have a good memory			記憶力がいい
1202 have a good sleep			ぐっすり眠る
1203 have a stomachache			腹痛がする
1204 have a talk			話をする
1205 have no idea			わからない
1206 hear from ～			～から便りがある
1207 hear of ～			～を耳にする
1208 help *A* with ～			A(人)の～を手伝う
1209 how far ～			どのくらいの距離で～
1210 hundreds of ～			何百もの～, たくさんの～
1211 in a circle			輪になって
1212 in a group			グループ[団体]で
1213 in a minute			すぐに
1214 in fact			実は, それどころかむしろ
1215 in peace			静かに，平和に
1216 in public			公に，人前で
1217 in return			お返しに
1218 in spite of ～			～にもかかわらず
1219 in the end			最後に，結局
1220 in those days			その当時は

Unit 60の復習テスト ⇒忘れていた熟語は，別冊に書き込もう！

ID	訳文に合う英文になるように空欄に熟語を書こう
1181	She (　　　) (　　　) because I broke her favorite cup. ▶ 私が彼女のお気に入りのカップを割ったので，彼女は**怒りました**。
1190	My father (　　　) (　　　) (　　　) twenty years ago. ▶ 父は20年前に**たばこをやめました**。
1193	A few weeks (　　　) (　　　), and the boy's bike was found near the park. ▶ 数週間が**過ぎ**，その少年の自転車は公園の近くで見つかりました。
1186	The man told him to (　　　) (　　　) the car. ▶ その男性は彼に車**に乗る**ように言いました。
1199	It is important for you to (　　　) (　　　) (　　　) for the future. ▶ 将来の**夢を持つ**ことは大切です。
1198	My aunt is going to (　　　) (　　　) (　　　) next month. ▶ 来月おばは**赤ちゃんを産む**予定です。
1184	My Spanish (　　　) (　　　) during my stay in Spain. ▶ スペイン滞在中に，私のスペイン語は**上達しました**。
1187	She wanted him to (　　　) (　　　) (　　　) her room. ▶ 彼女は彼に部屋**から出て行って**もらいたいと思いました。
1182	He often (　　　) (　　　) (　　　) the city for a rest. ▶ 彼はよく休息のために街**を離れます**。
1191	My uncle often (　　　) (　　　) for work. ▶ 私のおじは仕事でよく**海外へ行きます**。
1188	I hope she'll (　　　) (　　　) soon. ▶ 彼女がすぐに**よくなる**ことを願っています。
1197	I (　　　) (　　　) (　　　) him while I was in New York City. ▶ 私はニューヨーク市にいるとき，**たまたま**彼**に会いました**。
1192	I took some medicine a few hours ago, but my headache hasn't (　　　) (　　　). ▶ 数時間前に薬を飲みましたが，頭痛が**治り**ません。
1183	I (　　　) (　　　) (　　　) the trip yesterday morning. ▶ 昨日の朝，旅行**から戻りました**。
1185	The fans (　　　) (　　　) when the singer came on stage. ▶ その歌手が舞台に登場すると，ファンたちは**興奮しました**。
1196	You (　　　) (　　　) (　　　) the ticket right now. ▶ すぐにチケット**を入手した方がいい**ですよ。
1189	Will you (　　　) (　　　) my dictionary? I need it tomorrow. ▶ 私の辞書**を返して**くれますか。明日それが必要なのです。
1200	Yesterday, Eric and Frank (　　　) (　　　) (　　　) at school. ▶ 昨日，エリックとフランクは学校で**けんかをしました**。
1194	Please take off your shoes when you (　　　) (　　　) the house. ▶ 家**に入る**ときは靴を脱いでください。
1195	You must brush your teeth before you (　　　) (　　　) (　　　). ▶ **寝る**前に歯を磨かなければいけないよ。

Unit 60の復習テスト解答 1181 got angry　1190 gave up smoking　1193 went by　1186 get in　1199 have a dream　1198 have a baby　1184 got better　1187 get out of　1182 gets away from　1191 goes abroad　1188 get well　1197 happened to meet　1192 gone away　1183 got back from　1185 got excited　1196 had better get　1189 give back　1200 had a fight　1194 go into　1195 go to sleep

書いて記憶

学習日　　月　　日

熟語	1回目	2回目	意味
1221 in time (for ~)			(~に)間に合って
1222 instead of ~			~の代わりに
1223 introduce *A* to *B*			A(人)をB(人)に紹介する
1224 keep in touch with ~			~と連絡を保つ
1225 keep *one's* promise			約束を守る
1226 lie down			横になる
1227 like this			このように
1228 little by little			少しずつ
1229 look after ~			~の世話をする
1230 look like ~			~のように見える, ~に似ている
1231 look out of ~			~から外を見る
1232 look up ~			(辞書で単語など)を調べる
1233 lose *one's* way			道に迷う
1234 make *A* from *B*			B(原料・材料)でAを作る
1235 make *A* into *B*			(加工して)AでBを作る
1236 make *A* of *B*			B(原料・材料)でAを作る
1237 make a mistake			間違える
1238 make (a) noise			音を立てる,騒ぐ
1239 make money			お金をもうける,かせぐ
1240 name *A* after *B*			BにちなんでAに名前をつける

Unit 61の復習テスト　⇒忘れていた熟語は，別冊に書き込もう！

ID	訳文に合う英文になるように空欄に熟語を書こう
1203	Kate was absent from school yesterday because she (　　　) (　　　) (　　　). ▶ケイトは昨日**腹痛がした**ので学校を休みました。
1209	(　　　) (　　　) is it from here to the station? ▶ここから駅まで**どのくらいの距離**ですか。
1217	She gave me a wallet and I gave her a scarf (　　　) (　　　). ▶彼女は私に財布をくれました。私は**お返しに**彼女にスカーフをあげました。
1215	Tell the children to play outside. I want to read the newspaper (　　　) (　　　). ▶子どもたちに外で遊ぶように言ってくれ。**静かに**新聞が読みたいんだ。
1220	(　　　) (　　　) (　　　), there was no TV. ▶**その当時は**，テレビはありませんでした。
1208	Paul often (　　　) his father (　　　) his work. ▶ポールはよく父親**の**仕事**を手伝います**。
1202	I (　　　) (　　　) (　　　) (　　　) last night. ▶昨夜私は**ぐっすり眠りました**。
1207	Have you (　　　) (　　　) the new city plan? ▶新しい都市計画**のことを聞いた**ことがありますか。
1219	(　　　) (　　　) (　　　), he decided to go to college. ▶**結局**，彼は大学に進学することにしました。
1204	The teacher wants to (　　　) (　　　) (　　　) with Ken's parents. ▶先生はケンの両親と**話をし**たがっています。
1205	I (　　　) (　　　) (　　　) what to get for her birthday. ▶彼女の誕生日に何を買ったらいいか**わかりません**。
1214	Bill is very good at soccer. (　　　) (　　　), he's the best player in the school. ▶ビルはサッカーがとてもじょうずです。**実際**，彼は学校で一番じょうずな選手です。
1216	She is too shy to speak (　　　) (　　　). ▶彼女はとても内気で**人前で**話すことができません。
1218	We decided to go out (　　　) (　　　) (　　　) the bad weather. ▶悪天候**にもかかわらず**，私たちは外出することにしました。
1206	I haven't (　　　) (　　　) my brother since February. ▶2月以来，兄**から便りがあり**ません。
1212	Students talked about the topic (　　　) (　　　) (　　　). ▶生徒たちは**グループで**その話題について話し合いました。
1211	The children sat (　　　) (　　　) (　　　) and sang a song. ▶子どもたちは**輪になって**座り，歌を歌いました。
1201	She (　　　) (　　　) (　　　) (　　　). She remembers almost everything about me. ▶彼女は**記憶力がいい**。私についてほとんどすべてのことを覚えています。
1213	I'll be back (　　　) (　　　) (　　　). ▶**すぐに**戻ります。
1210	(　　　) (　　　) people were waiting outside the TV studio. ▶テレビスタジオの外では**何百人もの**人が待っていました。

Unit 61の復習テスト解答　1203 had a stomachache　1209 How far　1217 in return　1215 in peace　1220 In those days　1208 helps, with　1202 had a good sleep　1207 heard of　1219 In the end　1204 have a talk　1205 have no idea　1214 In fact　1216 in public　1218 in spite of　1206 heard from　1212 in a group　1211 in a circle　1201 has a good memory　1213 in a minute　1210 Hundreds of

書いて記憶

学習日 月 日

熟語	1回目	2回目	意味
1241 neither *A* nor *B*			AもBも～ない
1242 next door			隣に
1243 next time			次回（は）
1244 next to ～			～の隣に
1245 no more（名詞）			これ以上の～はない
1246 not *A* but *B*			AではなくB
1247 on foot			歩いて
1248 on the other hand			一方では
1249 on time			時間どおりに
1250 on vacation			休暇で
1251 once a day [week, month]			1日［1週間，1か月］につき1回
1252 once more			もう一度
1253 one after another			次々に
1254 one another			お互い
1255 One is ～, the other is ...			（2者について）片方は～，他方は…
1256 plan to *do*			～するつもりである
1257 prepare for ～			～の準備をする
1258 right away			すぐに
1259 say goodbye			別れを告げる
1260 say to *oneself*			ひとりごとを言う，心に思う

Unit 62の復習テスト ⇒忘れていた熟語は，別冊に書き込もう！

ID	訳文に合う英文になるように空欄に熟語を書こう
1238	Be quiet! You're (　　　　) too much (　　　　). ▶ 静かにしなさい！　**騒ぎ**すぎですよ。
1240	The baby was (　　　　) (　　　　) his grandfather. ▶ その赤ちゃんはおじいさん**にちなんで命名さ**れました。
1230	It (　　　　) (　　　　) the dress I want. ▶ それは私がほしいドレス**に似ています**。
1225	Andy always (　　　　) (　　　　) (　　　　). ▶ アンディはいつも**約束を守ります**。
1226	I was very tired, so I (　　　　) (　　　　) for a while. ▶ 私はとても疲れていたので，しばらく**横になりました**。
1227	You can switch on the computer (　　　　) (　　　　). ▶ **こんなふうに**コンピューターのスイッチを入れるんだよ。
1223	First, let me (　　　　) my friend Ben (　　　　) all of you. ▶ 最初に，私の友人のベン**を**みんな**に紹介さ**せてください。
1221	Beth ran as fast as she could and was (　　　　) (　　　　) (　　　　) the train. ▶ ベスはできるだけ速く走って，電車**に間に合い**ました。
1222	We ordered green salad (　　　　) (　　　　) onion soup. ▶ 私たちはオニオンスープ**の代わりに**グリーンサラダを注文しました。
1236	We bought two chairs that were (　　　　) (　　　　) wood. ▶ 私たちは木**で作られた**いすを2脚買いました。
1239	He worked very hard and (　　　　) a lot of (　　　　). ▶ 彼はとても熱心に働き，たくさんの**お金をもうけました**。
1232	(　　　　) (　　　　) the word in your dictionary. ▶ その単語**を**辞書で**調べなさい**。
1228	The Earth is getting warmer (　　　　) (　　　　) (　　　　). ▶ 地球は**少しずつ**暖かくなっています。
1233	Excuse me. I've (　　　　) (　　　　) (　　　　). Where are we on this map? ▶ すみません，**道に迷いました**。ここはこの地図でどこですか。
1224	I still (　　　　) (　　　　) (　　　　) (　　　　) James by e-mail. ▶ 私は今でもEメールでジェームズ**と連絡をとっています**。
1235	They (　　　　) cacao beans (　　　　) chocolate at this factory. ▶ この工場で，彼らはカカオ豆**で**チョコレート**を作ります**。
1231	Mary (　　　　) (　　　　) (　　　　) the window and found it was snowing. ▶ メアリーは窓**から外を見ると**，雪が降っていることに気づきました。
1234	Wine is (　　　　) (　　　　) grapes. ▶ ワインはブドウ**から作ら**れます。
1237	I (　　　　) a few (　　　　) on my English writing test. ▶ 私は英作文のテストで少し**間違えました**。
1229	Could you (　　　　) (　　　　) my daughter while I go to the post office? ▶ 郵便局へ行っている間，娘**の面倒をみて**もらえますか。

熟語編
でる度 B
1241
～
1260

Unit 62の復習テスト解答　1238 making, noise　1240 named after　1230 looks like　1225 keeps his promise　1226 lay down　1227 like this　1223 introduce, to　1221 in time for　1222 instead of　1236 made of　1239 made, money　1232 Look up　1228 little by little　1233 lost my way　1224 keep in touch with　1235 make, into　1231 looked out of　1234 made from　1237 made, mistakes　1229 look after

書いて記憶

学習日　　月　　日

熟語	1回目	2回目	意味
1261 see *A* off			A (人)を見送る
1262 show *A* around ～			A (人)に～を案内する
1263 sleep well			よく眠る
1264 slow down			速度を落とす
1265 smile at ～			～にほほえみかける
1266 so far			今までのところ
1267 so many ～			非常にたくさんの～
1268 some other time			いつか別のときに
1269 something (形容詞) to *do*			何か～すべき…なもの
1270 sound like ～			～のように聞こえる
1271 speak to ～			～に話しかける
1272 stand for ～			～を表す，～の略である
1273 start with ～			～で始まる
1274 stay with ～			～のところに滞在する
1275 stop by			立ち寄る
1276 such as ～			(たとえば) ～のような
1277 suffer from ～			～に苦しむ
1278 surf (on) the Internet			インターネットを見て回る
1279 take a break			休憩する
1280 take a look at ～			～を見る

Unit 63の復習テスト ⇒忘れていた熟語は，別冊に書き込もう！

ID	訳文に合う英文になるように空欄に熟語を書こう
1243	I want to visit other cities (　　　) (　　　). ▶ **次回は**ほかの都市を訪れたいです。
1257	We have to (　　　) (　　　) the Christmas party. ▶ 私たちはクリスマスパーティー**の準備をし**なければなりません。
1244	He works at the coffee shop (　　　) (　　　) the Star Hotel. ▶ 彼はスターホテル**の隣の**コーヒーショップで働いています。
1246	He is (　　　) a doctor (　　　) a nurse. ▶ 彼は医師**ではなく**看護師です。
1253	The marathon runners entered the stadium (　　　) (　　　) (　　　). ▶ マラソン走者は**次々に**スタジアムに入ってきました。
1259	Carol left without (　　　) (　　　). ▶ キャロルは**別れを告げ**ずに去りました。
1241	He can speak (　　　) Japanese (　　　) Chinese. ▶ 彼は日本語**も**中国語**も**話せ**ません**。
1254	They looked at (　　　) (　　　) with smiles. ▶ 彼らは笑顔で**お互い**を見ました。
1249	The train arrived (　　　) (　　　). ▶ その列車は**定刻に**到着しました。
1251	He has to take this medicine (　　　) (　　　) (　　　). ▶ 彼は**1日に1回**この薬を服用しなければなりません。
1250	I came to Hawaii not (　　　) (　　　) but on business. ▶ 私は**休暇で**ではなく仕事でハワイに来ました。
1258	Certainly, sir. I'll bring it (　　　) (　　　). ▶ かしこまりました，お客様。**すぐに**お持ちします。
1242	The woman who lives (　　　) (　　　) is a doctor. ▶ **隣に**住んでいる女性は医者です。
1260	"It will soon be over," he (　　　) (　　　) (　　　). ▶「すぐに終わるさ」と彼は**心の中で思いました**。
1256	I'm (　　　) (　　　) (　　　) cooking lessons during summer vacation. ▶ 夏休み中に料理講座**を受けるつもりです**。
1252	He wanted to visit France (　　　) (　　　) before he died. ▶ 彼は死ぬ前に**もう一度**フランスへ行きたがっていました。
1255	She bought two dresses. (　　　) (　　　) red and (　　　) (　　　) (　　　) purple. ▶ 彼女はドレスを2着買いました。**1つは**赤で，**もう1つは**紫です。
1248	Ann likes playing sports. (　　　) (　　　) (　　　) (　　　), her sister likes reading. ▶ アンはスポーツをするのが好きです。**一方**，彼女の妹は読書が好きです。
1245	I have (　　　) (　　　) information about it. ▶ それに関する**これ以上の**情報**は**あり**ません**。
1247	It took about an hour to get there (　　　) (　　　). ▶ そこへ行くのに**徒歩で**約1時間かかりました。

Unit 63の復習テスト解答 1243 next time　1257 prepare for　1244 next to　1246 not, but　1253 one after another　1259 saying goodbye　1241 neither, nor　1254 one another　1249 on time　1251 once a day　1250 on vacation　1258 right away　1242 next door　1260 said to himself　1256 planning to take　1252 once more　1255 One is, the other is　1248 On the other hand　1245 no more　1247 on foot

書いて記憶

学習日 月 日

熟語	1回目	2回目	意味
1281 take (a) medicine			薬を飲む
1282 take a rest			休憩する
1283 take a seat			席につく，座る
1284 take a trip			旅行する
1285 take a walk			散歩する
1286 take out ～			～を取り［持ち，連れ］出す
1287 tell a lie			うそをつく
1288 （比較級）than any other（単数名詞）			ほかのどの～よりも…
1289 thank *A* for ～			A（人）に～に対する礼を言う
1290 these days			最近
1291 this is *one's* first time to *do*			…にとって～することは初めてである
1292 this way			こちらの方向へ，このようにして
1293 thousands of ～			何千もの～，たくさんの～
1294 ～ times as（形容詞）as *A*			Aの～倍…な
1295 turn ～ over			～を裏返す
1296 used to *do*			以前はよく～した
1297 walk around			歩き回る，散歩する
1298 would love to *do*			（ぜひ）～したい
1299 write down ～			～を書きとめる
1300 write to ～			～に手紙を書く

Unit 64の復習テスト ⇒忘れていた熟語は，別冊に書き込もう！

ID	訳文に合う英文になるように空欄に熟語を書こう
1271	I (　　　) (　　　) the woman looking at the map. ▶ 私は地図を見ている女性**に話しかけました**。
1276	Fruits (　　　) (　　　) peaches and pears are grown in Washington. ▶ ワシントン州ではモモやナシ**のような**果物が栽培されています。
1272	U.S. (　　　) (　　　) United States. ▶ U.S.はUnited States**の略です**。
1269	I'm thirsty. I want (　　　) cold (　　　) (　　　). ▶ のどが乾いた。**何か**冷たい**飲み物**がほしいな。
1278	Fred spends his free time (　　　) (　　　) (　　　). ▶ フレッドはひまな時間を**インターネットを見て回る**のに費やします。
1262	My aunt (　　　) me (　　　) her town. ▶ おばは私**に**自分の町**を案内してくれました**。
1268	I'm sorry I can't join you tonight. Maybe (　　　) (　　　) (　　　). ▶ 今晩はご一緒できなくてごめんね。**またの機会に**，きっとね。
1265	The woman (　　　) (　　　) me and asked my name. ▶ その女性は私**にほほえん**で私の名前をたずねました。
1261	Nancy went to the airport to (　　　) her friend (　　　). ▶ ナンシーは友人**を見送り**に空港に行きました。
1266	We have won all our games (　　　) (　　　) this season. ▶ 今シーズン，私たちは**今までのところ**全勝しています。
1280	David, the DVD player doesn't work. Can you (　　　) (　　　) (　　　) (　　　) it? ▶ デイビッド，DVDプレーヤーが動かないの。**見て**くれない？
1277	Many people in the world (　　　) (　　　) hunger. ▶ 世界では多くの人が飢え**に苦しんでいます**。
1263	Did you (　　　) (　　　) last night? ▶ 昨夜は**よく眠れ**ましたか。
1279	Jim always (　　　) (　　　) (　　　) at three in the afternoon. ▶ ジムはいつも午後3時に**休憩をとります**。
1267	There are (　　　) (　　　) questions I want to ask him. ▶ 私は彼にたずねたい質問が**とてもたくさん**あります。
1270	That (　　　) (　　　) a great idea. ▶ すばらしい考え**のように思います**。
1264	The train (　　　) (　　　) and stopped. ▶ 列車は**速度を落とし**て止まりました。
1275	If you're not busy on Sunday, please (　　　) (　　　). ▶ 日曜日に忙しくなければ，どうぞ**お立ち寄り**ください。
1274	I'm going to (　　　) (　　　) my uncle in Sydney next weekend. ▶ 来週末はシドニーのおじ**のところに滞在する**予定です。
1273	The festival (　　　) (　　　) the mayor's speech. ▶ お祭りは市長の演説**で始まりました**。

Unit 64の復習テスト解答 1271 spoke to　1276 such as　1272 stands for　1269 something, to drink　1278 surfing the Internet　1262 showed, around　1268 some other time　1265 smiled at　1261 see, off　1266 so far　1280 take a look at　1277 suffer from　1263 sleep well　1279 takes a break　1267 so many　1270 sounds like　1264 slowed down　1275 stop by　1274 stay with　1273 started with

Unit 65の復習テスト　⇒忘れていた熟語は，別冊に書き込もう！

ID	訳文に合う英文になるように空欄に熟語を書こう
1292	Come (　　　) (　　　). I'll show you our office. ▶ どうぞ**こちらへ**。私たちのオフィスをお見せします。
1297	At the shopping mall, I just (　　　) (　　　) and bought nothing. ▶ ショッピングモールでは，ただ**歩き回って**何も買いませんでした。
1285	Let's (　　　) (　　　) (　　　) this afternoon. ▶ 今日の午後に**散歩に行き**ましょう。
1288	Our soccer team is stronger (　　　) (　　　) (　　　) team in this city. ▶ 私たちのサッカーチームはこの市の**ほかのどの**チーム**よりも**強いです。
1289	The man (　　　) me (　　　) helping him. ▶ その男性は私が助けたこと**に対して礼を言いました**。
1282	You look tired. Why don't you (　　　) (　　　) (　　　)? ▶ 疲れているようですね。**休憩し**てはどうですか。
1291	(　　　) (　　　) (　　　) (　　　) (　　　) (　　　) (　　　) to this town? ▶ この町に**来るのは初めてですか**。
1283	He told me to (　　　) (　　　) (　　　). ▶ 彼は私に**席に着く**ように言いました。
1296	I (　　　) (　　　) (　　　) to this park with my grandfather. ▶ 私は，**以前はよく**祖父とこの公園に**来ました**。
1298	We (　　　) (　　　) (　　　) (　　　) longer, but we have to go. ▶ もっと長く**いたい**のですが，私たちは行かなければなりません。
1290	(　　　) (　　　) more and more people care about the environment. ▶ **最近**，ますます多くの人が自然環境を気にかけています。
1299	I (　　　) (　　　) their phone numbers on a piece of paper. ▶ 紙に彼らの電話番号**を書きとめました**。
1281	If you (　　　) this (　　　), you will feel better. ▶ この**薬を飲め**ば，気分がよくなりますよ。
1300	Amy (　　　) (　　　) her parents every month while she was in Japan. ▶ エイミーは日本にいる間，毎月両親**に手紙を書きました**。
1294	This park is three (　　　) (　　　) large (　　　) that one. ▶ この公園はあの公園**の**3**倍**の広さがあります。
1287	You mustn't (　　　) (　　　) (　　　). ▶ **うそをつい**てはいけません。
1284	I hear you will (　　　) (　　　) (　　　) to the U.K. ▶ イギリスへ**旅行する**そうですね。
1286	She (　　　) (　　　) a picture from her bag and showed it to me. ▶ 彼女はかばんから1枚の写真**を取り出し**，私に見せてくれました。
1295	Ms. Kobayashi, please (　　　) the card (　　　) and look at me. ▶ 小林さん，カード**を裏返し**て，私の方を見てください。
1293	(　　　) (　　　) visitors travel to this castle every month. ▶ 毎月，**何千人もの**観光客がこの城を訪れます。

Unit 65の復習テスト解答　1292 this way　1297 walked around　1285 take a walk　1288 than any other　1289 thanked, for　1282 take a rest　1291 Is this your first time to come　1283 take a seat　1296 used to come　1298 would love to stay　1290 These days　1299 wrote down　1281 take, medicine　1300 wrote to　1294 times as, as　1287 tell a lie　1284 take a trip　1286 took out　1295 turn, over　1293 Thousands of

さくいん

※見出し語番号を表示しています。

単語編

A

□ above 0900
□ abroad 0583
□ absent 0546
□ accident 0395
□ across 0294
□ act 0618
□ action 0733
□ activity 0668
□ actor 0192
□ actress 0442
□ actually 0890
□ add 0619
□ address 0669
□ adult 0670
□ adventure 0443
□ advice 0734
□ afraid 0237
□ again 0260
□ against 0592
□ age 0671
□ ago 0269
□ agree 0319
□ ahead 0584
□ air 0368
□ airport 0369
□ alarm 0444
□ alive 0860
□ all 0296
□ almost 0574
□ alone 0569
□ along 0590
□ aloud 0891
□ already 0275
□ also 0259
□ although 0897
□ a.m. 0079
□ among 0898
□ angry 0242
□ animal 0073
□ another 0243
□ answer 0302
□ anymore 0570
□ anyone 0297
□ anything 0595
□ anytime 0883
□ anyway 0884
□ anywhere 0885
□ apartment 0672
□ appear 0620
□ aquarium 0673
□ area 0114
□ arm 0674
□ around 0261
□ arrest 0621
□ arrive 0056
□ asleep 0829
□ athlete 0396
□ attack 0337
□ attend 0601
□ aunt 0115
□ award 0735

B

□ badly 0886
□ bake 0067
□ bakery 0397
□ band 0101
□ bank 0398
□ barbecue 0445
□ basket 0675
□ bathroom 0446
□ battle 0676
□ beach 0193
□ beautiful 0225
□ because 0285
□ become 0027
□ before 0262
□ begin 0051
□ beginner 0447
□ beginning 0736
□ behind 0593
□ believe 0303
□ beside 0591
□ best 0212
□ better 0217
□ between 0291
□ bicycle 0399
□ bike 0370
□ billion 0737
□ blackboard 0738
□ block 0677
□ body 0678
□ boil 0622
□ bookstore 0174
□ boring 0547
□ borrow 0052
□ both 0596
□ bottle 0517
□ bottom 0448
□ break 0057
□ bridge 0449
□ bright 0830
□ bring 0018
□ broken 0548
□ build 0036
□ building 0158
□ burn 0623
□ business 0679
□ busy 0222
□ button 0680
□ by 0289

C

□ cafeteria 0371
□ call 0006
□ camera 0175
□ camp 0739
□ cancel 0602
□ capital 0740
□ captain 0400
□ care 0129
□ careful 0831
□ carefully 0892
□ carry 0338
□ castle 0741
□ catch 0320
□ cause 0624
□ ceiling 0681
□ celebrate 0321
□ celebration 0401
□ cell phone 0402
□ center 0403
□ centimeter 0682
□ central 0832
□ century 0404
□ ceremony 0683
□ chance 0372
□ change 0058
□ cheap 0549
□ cheaply 0585
□ check 0322
□ cheer 0625
□ cheerful 0861
□ chef 0684
□ child 0405
□ chimpanzee 0102
□ Chinese 0406
□ chocolate 0130
□ choose 0059
□ circle 0373
□ classmate 0518
□ classroom 0519
□ clean 0037
□ clever 0833
□ climate 0742
□ climb 0603
□ close 0226
□ closet 0685
□ cloth 0407
□ clothes 0176
□ cloudy 0550
□ coach 0450
□ coat 0408
□ collect 0304
□ college 0159
□ color 0194
□ comedy 0451
□ comfortable 0834
□ comic 0743
□ common 0835
□ communicate 0626
□ communication 0744
□ company 0116
□ computer 0452
□ concert 0139
□ contact 0323
□ contest 0083
□ continent 0453
□ continue 0339
□ control 0627
□ convenience 0195
□ cookie 0117
□ corner 0686
□ cost 0305
□ costume 0687
□ could 0299
□ country 0109
□ course 0454
□ court 0455
□ cousin 0140
□ cover 0053
□ cross 0306
□ crowded 0523
□ cry 0340
□ culture 0196
□ custom 0688
□ customer 0374
□ cut 0604
□ cute 0836

D

□ daily 0524
□ damage 0745
□ danger 0746
□ dangerous 0551
□ dark 0837
□ date 0076
□ daughter 0160
□ dear 0209
□ death 0747
□ decide 0020
□ decorate 0628
□ decoration 0456
□ deep 0552
□ delicious 0244
□ deliver 0301
□ dentist 0457
□ department store 0689
□ description 0458
□ desert 0748
□ design 0605
□ dessert 0459
□ destroy 0341
□ dictionary 0089
□ die 0307
□ difference 0690
□ different 0227
□ difficult 0233
□ difficulty 0749
□ digital 0838
□ dining 0460
□ direct 0629
□ director 0691
□ dirty 0862
□ disappear 0630
□ discount 0461
□ discover 0631
□ dish 0177
□ doctor 0091
□ doghouse 0141
□ dollar 0409
□ doughnut 0462
□ draw 0068
□ dream 0375
□ dress 0410
□ drive 0038
□ drugstore 0692
□ during 0292

E

□ each 0238
□ ear 0376
□ early 0277
□ earthquake 0750
□ easily 0575
□ easy 0533
□ either 0576
□ elderly 0863
□ elementary 0553
□ elephant 0075
□ elevator 0751
□ else 0571
□ e-mail 0105
□ end 0178
□ enemy 0752
□ energy 0753

☐ enjoy 0011
☐ enjoyable 0554
☐ enough 0228
☐ enter 0308
☐ entrance 0463
☐ environment 0464
☐ escape 0632
☐ especially 0577
☐ even 0279
☐ event 0179
☐ ever 0271
☐ everywhere 0280
☐ exam 0377
☐ examination 0754
☐ example 0411
☐ excellent 0839
☐ exchange 0342
☐ excited 0525
☐ exciting 0239
☐ expect 0324
☐ expensive 0534
☐ experience 0412
☐ explain 0633
☐ express 0634
☐ expression 0755

F

☐ fact 0465
☐ factory 0131
☐ fail 0635
☐ fair 0161
☐ fall 0309
☐ familiar 0555
☐ famous 0213
☐ far 0281
☐ farm 0180
☐ farmer 0118
☐ fast 0535
☐ favorite 0220
☐ feed 0636
☐ feel 0063
☐ female 0526
☐ fence 0413
☐ festival 0074
☐ fever 0693
☐ few 0536
☐ field 0694
☐ fight 0310
☐ figure 0695
☐ finally 0572
☐ find 0015
☐ fine 0234
☐ finish 0014
☐ fire 0378
☐ firework 0756
☐ first 0257
☐ fit 0343
☐ fix 0637
☐ flag 0757
☐ flight 0696
☐ floor 0153
☐ fly 0325
☐ fold 0638
☐ follow 0326
☐ food 0090
☐ foreign 0245
☐ forest 0181
☐ forget 0327
☐ fork 0758
☐ free 0211
☐ freedom 0759
☐ French 0162
☐ fresh 0556
☐ fridge 0760
☐ friendly 0840
☐ friendship 0761
☐ fruit 0466
☐ full 0537
☐ fun 0097
☐ funny 0557
☐ furniture 0697
☐ future 0163

G

☐ garbage 0698
☐ garden 0119
☐ gate 0467
☐ generation 0762
☐ German 0414
☐ gesture 0763
☐ gift 0468
☐ give 0013
☐ glad 0231
☐ glass 0764
☐ glove 0765
☐ goal 0469
☐ god 0197
☐ goldfish 0470
☐ government 0164
☐ grade 0415
☐ graduate 0060
☐ gram 0766
☐ grandfather 0416
☐ grandmother 0182
☐ grandparent 0767
☐ grandson 0699
☐ grass 0700
☐ greet 0639
☐ greeting 0768
☐ group 0142
☐ grow 0012
☐ guess 0344
☐ guide 0701
☐ gym 0198

H

☐ half 0538
☐ hallway 0702
☐ hamburger 0417
☐ hang 0606
☐ happen 0039
☐ hard 0263
☐ headache 0471
☐ health 0472
☐ healthy 0841
☐ heat 0769
☐ heavy 0539
☐ height 0361
☐ helpful 0864
☐ hero 0703
☐ herself 0598
☐ hide 0640
☐ hike 0641
☐ hill 0473
☐ hint 0770
☐ history 0143
☐ hit 0328
☐ hobby 0474
☐ hold 0028
☐ hole 0771
☐ holiday 0704
☐ homesick 0540
☐ homestay 0475
☐ hometown 0418
☐ hope 0021
☐ horizon 0705
☐ horse 0772
☐ hospital 0165
☐ host 0773
☐ hour 0106
☐ huge 0865
☐ human 0558
☐ hungry 0251
☐ hunt 0642
☐ hurricane 0362
☐ hurry 0329
☐ hurt 0311
☐ husband 0199

I

☐ ice 0132
☐ ice cream 0363
☐ idea 0120
☐ if 0284
☐ illness 0706
☐ imagine 0345
☐ importance 0774
☐ important 0246
☐ impossible 0866
☐ impress 0643
☐ information 0087
☐ injure 0644
☐ ink 0775
☐ inside 0578
☐ instead 0887
☐ instrument 0166
☐ interesting 0247
☐ international 0867
☐ Internet 0419
☐ interview 0645
☐ introduce 0346
☐ invent 0330
☐ invite 0023
☐ island 0183
☐ Italian 0235

J

☐ jazz 0167
☐ jeans 0476
☐ job 0092
☐ jog 0312
☐ join 0024
☐ judge 0646
☐ juice 0776
☐ jump 0347
☐ junior 0527
☐ just 0264

K

☐ keep 0033
☐ key 0477
☐ kid 0478
☐ kill 0331
☐ kilogram 0479
☐ kind 0088
☐ kitchen 0480
☐ kitten 0093
☐ knock 0607

L

☐ land 0481
☐ language 0482
☐ last 0007
☐ late 0223
☐ later 0266
☐ latest 0842
☐ laugh 0647
☐ law 0483
☐ lay 0648
☐ lead 0649
☐ leaf 0777
☐ learn 0008
☐ leave 0061
☐ lend 0062
☐ less 0559
☐ lesson 0121
☐ let 0608
☐ letter 0144
☐ librarian 0484
☐ library 0103
☐ license 0778
☐ life 0154
☐ line 0420
☐ list 0707
☐ little 0215
☐ living room 0421
☐ local 0843
☐ locker 0422
☐ lonely 0868
☐ look 0005
☐ lose 0313
☐ lost 0252
☐ loud 0528
☐ low 0869
☐ luckily 0586
☐ lucky 0870

M

☐ machine 0200
☐ magazine 0184
☐ main 0253
☐ make 0001
☐ male 0529
☐ manager 0423
☐ mark 0485
☐ marry 0650
☐ maybe 0573
☐ mayor 0486
☐ meal 0424
☐ mean 0348
☐ meat 0407
☐ medal 0488
☐ medicine 0122
☐ meeting 0110
☐ member 0185
☐ memory 0708
☐ message 0186
☐ meter 0520
☐ middle 0709
☐ midnight 0710
☐ mild 0871
☐ million 0379
☐ minute 0145
☐ mirror 0779
☐ miss 0054
☐ mix 0651
☐ model 0711
☐ money 0084
☐ month 0123

□ most 0224
□ mountain 0380
□ move 0016
□ movie 0081
□ museum 0425
□ musical 0712
□ musician 0146
□ must 0300

N

□ narrow 0560
□ national 0522
□ native 0254
□ natural 0844
□ nature 0187
□ necessary 0845
□ necklace 0489
□ need 0010
□ neighbor 0780
□ neighborhood 0713
□ nephew 0781
□ nervous 0255
□ never 0270
□ newspaper 0111
□ next 0258
□ noise 0782
□ noisy 0872
□ noon 0714
□ note 0783
□ nothing 0599
□ notice 0147
□ novel 0784
□ nurse 0490

O

□ offer 0652
□ office 0155
□ official 0873
□ often 0265
□ oil 0785
□ Olympic 0364
□ once 0282
□ one 0295
□ online 0888
□ opinion 0715
□ order 0349
□ other 0208
□ outdoor 0874
□ outside 0272
□ oven 0716
□ over 0290
□ overseas 0893
□ oversleep 0609
□ own 0541
□ owner 0786

P

□ page 0381
□ pain 0787
□ paint 0044
□ painting 0491
□ pajamas 0717
□ pancake 0492
□ panda 0382
□ paper 0201
□ parade 0365
□ parent 0098
□ part 0095
□ part-time 0278
□ pass 0332
□ passenger 0788
□ pay 0314
□ peace 0789
□ peaceful 0875
□ perfect 0561
□ perform 0333
□ performance 0790
□ person 0168
□ phone 0383
□ photo 0384
□ pick 0064
□ pie 0169
□ pizza 0133
□ place 0096
□ plan 0104
□ plane 0202
□ planet 0718
□ plant 0025
□ pleasure 0719
□ p.m. 0071
□ pocket 0720
□ point 0426
□ police 0721
□ polite 0876
□ pollution 0427
□ pool 0156
□ poor 0562
□ popular 0218
□ port 0791
□ possible 0530
□ postcard 0792
□ poster 0385
□ powerful 0877
□ practice 0107
□ prepare 0610
□ present 0386
□ president 0203
□ pretty 0579
□ price 0493
□ prize 0134
□ problem 0387
□ produce 0653
□ professional 0240
□ program 0793
□ project 0494
□ promise 0495
□ protect 0315
□ public 0563
□ pull 0654
□ pumpkin 0124
□ puppy 0722
□ push 0350
□ put 0031

Q

□ queen 0496
□ question 0204
□ quiet 0846

R

□ race 0388
□ radio 0723
□ rain 0029
□ raise 0611
□ reach 0316
□ ready 0230
□ realize 0655
□ reason 0428
□ receive 0065
□ recipe 0429
□ record 0656
□ recycle 0657
□ relax 0351
□ remember 0040
□ repeat 0612
□ report 0135
□ resort 0794
□ rest 0497
□ restaurant 0085
□ return 0041
□ ride 0317
□ right 0219
□ rise 0613
□ road 0188
□ rock 0498
□ rocket 0795
□ round 0847
□ rule 0389

S

□ sad 0531
□ sadness 0796
□ safely 0889
□ safety 0797
□ sail 0352
□ salad 0205
□ sale 0430
□ salesclerk 0798
□ same 0232
□ sandwich 0431
□ save 0047
□ say 0042
□ scared 0848
□ scarf 0390
□ scene 0799
□ schedule 0724
□ schoolwork 0499
□ science 0432
□ science fiction 0500
□ scientist 0112
□ scissors 0800
□ score 0725
□ secret 0433
□ section 0501
□ see 0003
□ seem 0614
□ sell 0048
□ send 0017
□ sentence 0502
□ serious 0878
□ serve 0353
□ several 0849
□ shake 0354
□ shampoo 0801
□ shape 0802
□ share 0318
□ shine 0658
□ shock 0659
□ shoot 0660
□ short 0567
□ should 0298
□ shout 0355
□ show 0026
□ shower 0803
□ shrine 0804
□ shut 0334
□ shuttle 0726
□ shy 0542
□ sick 0221
□ side 0434
□ sight 0727
□ sightseeing 0805
□ sign 0503
□ silent 0543
□ simple 0850
□ since 0293
□ sincerely 0580
□ sir 0504
□ skate 0069
□ skill 0806
□ sleep 0043
□ slice 0435
□ smart 0564
□ smell 0335
□ smile 0615
□ smoke 0661
□ snack 0505
□ sneaker 0807
□ snow 0049
□ snowboard 0356
□ snowy 0851
□ sofa 0728
□ softly 0894
□ soldier 0808
□ solve 0662
□ someday 0587
□ someone 0600
□ something 0597
□ sometimes 0581
□ son 0108
□ sorry 0216
□ sound 0034
□ southern 0852
□ space 0125
□ Spanish 0170
□ speak 0035
□ special 0214
□ speech 0189
□ speed 0809
□ spell 0663
□ spend 0066
□ stadium 0810
□ stair 0811
□ stamp 0366
□ star 0391
□ state 0812
□ station 0126
□ statue 0813
□ steak 0814
□ steal 0357
□ stew 0506
□ still 0273
□ stomach 0815
□ stop 0113
□ store 0078
□ storm 0729
□ straight 0588
□ stranger 0816
□ street 0136
□ strong 0853
□ subject 0077
□ such 0532
□ suddenly 0589
□ sugar 0817
□ suit 0818
□ suitcase 0819
□ sunny 0568
□ sunrise 0820
□ sunset 0821
□ supermarket 0190
□ support 0664
□ sure 0229

☐ surprised	0236	☐ top	0438	☐ useful	0249	☐ well	0210
☐ surprising	0879	☐ touch	0616	☐ usual	0565	☐ wet	0882
☐ survive	0665	☐ tour	0439	☐ usually	0276	☐ when	0283
☐ sweater	0507	☐ tourist	0440			☐ while	0288
☐ sweet	0854	☐ tournament	0206	**V**		☐ whole	0859
☐ symbol	0822	☐ toward	0899			☐ wide	0566
☐ system	0508	☐ toy	0080	☐ vacation	0099	☐ wife	0172
		☐ tradition	0824	☐ vegetable	0171	☐ wild	0241
T		☐ traditional	0857	☐ video	0521	☐ win	0030
		☐ train	0191	☐ view	0513	☐ wine	0827
☐ take	0002	☐ travel	0022	☐ village	0514	☐ wing	0828
☐ taste	0336	☐ trick	0511	☐ visitor	0137	☐ winner	0157
☐ tasty	0880	☐ trip	0086	☐ voice	0732	☐ wish	0667
☐ telephone	0509	☐ trouble	0731	☐ volunteer	0100	☐ without	0594
☐ tell	0009	☐ true	0544			☐ wonder	0617
☐ temperature	0823	☐ try	0019	**W**		☐ wonderful	0545
☐ textbook	0436	☐ turn	0070			☐ wood	0441
☐ than	0286	☐ twice	0582	☐ wait	0055	☐ word	0128
☐ theater	0392	☐ twin	0825	☐ waiter	0515	☐ work	0004
☐ thick	0855	☐ type	0512	☐ wake	0359	☐ worker	0367
☐ thing	0148	☐ typhoon	0826	☐ wallet	0516	☐ worry	0046
☐ thirsty	0856			☐ war	0207	☐ writer	0173
☐ thousand	0510	**U**		☐ warm	0250	☐ wrong	0256
☐ throw	0358			☐ waste	0666		
☐ ticket	0149	☐ uncle	0151	☐ watch	0045	**Y**	
☐ tie	0730	☐ understand	0050	☐ way	0138		
☐ tiger	0150	☐ unfortunately	0895	☐ wear	0032	☐ yet	0267
☐ tight	0881	☐ uniform	0393	☐ weather	0127		
☐ tired	0248	☐ university	0094	☐ website	0152	**Z**	
☐ together	0268	☐ until	0287	☐ wedding	0394		
☐ tonight	0274	☐ upset	0858	☐ weekend	0082	☐ zoo	0072
☐ tool	0437	☐ upstairs	0896	☐ welcome	0360		

熟語編

A

		☐ as usual	0917	☐ be glad to *do*	0931
		☐ *A* as well as *B*	1115	☐ be good at ~	0932
		☐ as you know	1116	☐ be in a hurry	0933
		☐ ask (*A*) for ~	0918	☐ be in trouble	0934
☐ a couple of ~	1101	☐ ask *A* to *do*	0919	☐ be interested in ~	0935
☐ a few ~	0901	☐ at a time	1117	☐ be known as ~	1132
☐ a friend of mine	1102	☐ at first	0920	☐ be known to ~	1133
☐ a glass of ~	0902	☐ at last	0921	☐ be late for ~	0936
☐ a little too (形容詞)	0903	☐ at least	1118	☐ be out	0937
☐ a lot	0904	☐ at once	1119	☐ be over	1134
☐ a lot of ~	0905	☐ at school	0922	☐ be pleased to *do*	1135
☐ a number of ~	1103	☐ at the age of ~	1120	☐ be proud of ~	0938
☐ a pair of ~	0906	☐ at the end of ~	0923	☐ be ready for ~	0939
☐ (a) part of ~	1104	☐ at the foot of ~	1121	☐ be ready to *do*	0940
☐ a piece of ~	0907			☐ be satisfied with ~	1136
☐ a sheet of ~	0908	**B**		☐ be scared of ~	1137
☐ a slice of ~	0909			☐ be sick in bed	1138
☐ after a while	0910	☐ be able to *do*	0924	☐ be similar to ~	1139
☐ after school	0911	☐ be absent from ~	0925	☐ be sorry for *doing*	1140
☐ agree with ~	0912	☐ be afraid of ~	1122	☐ be surprised at ~	0941
☐ all day (long)	1105	☐ be at home	1123	☐ be surprised to *do*	1141
☐ all night (long)	1106	☐ be at *one's* desk	1124	☐ be tired from ~	1142
☐ all over the world	0913	☐ be back	1125	☐ be tired of *doing*	1143
☐ all the time	1107	☐ be born	0926	☐ be worried about ~	0942
☐ all the way	1108	☐ be busy with ~	1126	☐ because of ~	1144
☐ ~ and so on	1109	☐ be careful (about ~)	1127	☐ become friends with ~	0943
☐ another (形容詞) minute(s)	1110	☐ be close to ~	1128	☐ belong to ~	1145
☐ anything else	0914	☐ be covered with ~	0927	☐ between *A* and *B*	0944
☐ arrive in [at, on] ~	0915	☐ be different from ~	0928	☐ both *A* and *B*	0945
☐ as (副詞 / 形容詞) as *A* can	0916	☐ be familiar with ~	1129	☐ both of ~	0946
☐ as many (名詞) as ~	1111	☐ be famous for ~	0929	☐ brush *one's* teeth	1146
☐ as much as *A* can	1112	☐ be filled with ~	1130	☐ by *oneself*	0947
☐ as much as possible	1113	☐ be fond of ~	1131	☐ by the way	1147
☐ as soon as ~	1114	☐ be full of ~	0930		

C

□ call *A* back 1148
□ care about ～ 1149
□ catch a cold 1150
□ change trains 1151
□ cheer up ～ 1152
□ clean up ～ 0948
□ come back 0949
□ come home 0950
□ come true 0951
□ cut down ～ 1153

D

□ day after day 1154
□ day and night 1155
□ decide to *do* 0952
□ depend on ～ 1156
□ die of ～ 1157
□ do *one's* best 0953
□ do *one's* homework 0954
□ do well 0955
□ drive *A* home 1158

E

□ each other 0956
□ either *A* or *B* 1159
□ enjoy *doing* 0957
□ enjoy *oneself* 1160
□ (形容詞/副詞) enough for ～ 0958
□ (形容詞/副詞) enough to *do* 0959
□ even if ～ 1161
□ every other day 1162
□ exchange *A* for *B* 0960

F

□ fall asleep 1163
□ fall down 0961
□ fall in love with ～ 1164
□ far away 1165
□ far from ～ 1166
□ feel at home 1167
□ feel better 1168
□ feel like *doing* 1169
□ feel sick 1170
□ fill in ～ 1171
□ fill up (with～) 1172
□ find out ～ 0962
□ finish *doing* 0963
□ first of all 0964
□ for a long time 0965
□ for a minute 1173
□ for a while 1174
□ for example 0966
□ for fun 1175
□ for *oneself* 1176
□ for some time 1177
□ for the first time 0967
□ forget to *do* 1178
□ from *A* to *B* 0968
□ from abroad 1179
□ from beginning to end 1180

G

□ get a good grade 0969
□ get a perfect score 0970
□ get angry 1181
□ get away from ～ 1182
□ get back (from ～) 1183
□ get better 1184
□ get cold 0971
□ get dark 0972
□ get excited 1185
□ get home 0973
□ get hungry 0974
□ get in ～ 1186
□ get off (～) 0975
□ get on (～) 0976
□ get out of ～ 1187
□ get to ～ 0977
□ get well 1188
□ give *A* a ride 0978
□ give back ～ 1189
□ give up *doing* 1190
□ go abroad 1191
□ go and *do* 0979
□ go away 1192
□ go back home 0980
□ go by 1193
□ go fishing 0981
□ go for a walk 0982
□ go home 0983
□ go into ～ 1194
□ go on a tour 0984
□ go on a trip 0985
□ go out (for ～) 0986
□ go shopping 0987
□ go [walk] straight 0988
□ go to bed 0989
□ go to see a movie 0990
□ go to sleep 1195
□ go to the doctor 0991
□ go to work 0992
□ graduate from ～ 0993
□ grow up 0994

H

□ had better *do* 1196
□ happen to *do* 1197
□ have a baby 1198
□ have a chance to *do* 0995
□ have a cold 0996
□ have a dream 1199
□ have a fight 1200
□ have a good memory 1201
□ have a good sleep 1202
□ have a great time 0997
□ have a stomachache 1203
□ have a talk 1204
□ have been to ～ 0998
□ have enough (名詞) to *do* 0999
□ have fun 1000
□ have lunch 1001
□ have never been to ～ 1002
□ have no idea 1205
□ have time to *do* 1003
□ have to *do* 1004
□ hear from ～ 1206
□ hear of ～ 1207
□ help *A* with ～ 1208
□ how far ～ 1209
□ how long ～ 1005
□ how many times ～ 1006
□ how often ～ 1007
□ how to *do* 1008
□ hundreds of ～ 1210
□ hurry up 1009

I

□ I'd like to *do* 1010
□ in a circle 1211
□ in a group 1212
□ in a minute 1213
□ in fact 1214
□ in front of ～ 1011
□ in *one's* opinion 1012
□ in peace 1215
□ in public 1216
□ in return 1217
□ in spite of ～ 1218
□ in the end 1219
□ in the middle of ～ 1013
□ in the morning [afternoon, evening] 1014
□ in the world 1015
□ in those days 1220
□ in time (for ～) 1221
□ instead of ～ 1222
□ introduce *A* to *B* 1223
□ invite *A* to *B* 1016
□ It is (形容詞) for *A* to *do* 1017
□ It takes *A* (時間) to *do* 1018

K

□ keep in touch with ～ 1224
□ keep *one's* promise 1225

L

□ last week [month, year] 1019
□ laugh at ～ 1020
□ leave *A* at home 1021
□ leave a message 1022
□ lie down 1226
□ like this 1227
□ little by little 1228
□ look after ～ 1229
□ look around (～) 1023
□ look for ～ 1024
□ look forward to *doing* [*A*] 1025
□ look like ～ 1230
□ look out of ～ 1231
□ look up ～ 1232
□ look well 1026
□ lose *one's* way 1233
□ lots of ～ 1027

M

□ make *A* from *B* 1234
□ make *A* into *B* 1235
□ make *A* of *B* 1236
□ make a mistake 1237
□ make (a) noise 1238
□ make a speech 1028
□ make money 1239
□ more than ～ 1029
□ most of ～ 1030
□ move to ～ 1031

N

□ name *A* after *B* 1240
□ near here 1032
□ need to *do* 1033
□ neither *A* nor *B* 1241
□ next door 1242
□ next time 1243

☐ next to ~	1244
☐ no more (名詞)	1245
☐ not ~ at all	1034
☐ not A but B	1246
☐ not ~ yet	1035
☐ not have to do	1036
☐ not only A but also B	1037

O

☐ on business	1038
☐ on foot	1247
☐ on one's [the] right	1039
☐ on one's [the] way home	1040
☐ on one's [the] way to ~	1041
☐ on the other hand	1248
☐ on time	1249
☐ on vacation	1250
☐ on weekends	1042
☐ once a day [week, month]	1251
☐ once more	1252
☐ one after another	1253
☐ one another	1254
☐ One is ~, the other is ...	1255
☐ one more (名詞)	1043
☐ one of ~	1044
☐ one of the＋(形容詞の最上級)＋(複数名詞)	1045
☐ over there	1046

P

☐ pass the [an] exam	1047
☐ pick up ~	1048
☐ plan to do	1256
☐ prepare for ~	1257
☐ put on ~	1049

R

☐ receive a prize	1050
☐ right away	1258
☐ right now	1051
☐ run away	1052

S

☐ save money	1053
☐ say goodbye	1259
☐ say hello to ~	1054
☐ say to oneself	1260
☐ see A off	1261

☐ shake hands with ~	1055
☐ shout at ~	1056
☐ show A around ~	1262
☐ show A how to do	1057
☐ sleep well	1263
☐ slow down	1264
☐ smile at ~	1265
☐ so (形容詞/副詞) that ~	1058
☐ so far	1266
☐ so many ~	1267
☐ some other time	1268
☐ something (形容詞)	1059
☐ something (形容詞) to do	1269
☐ something to do	1060
☐ sound like ~	1270
☐ speak to ~	1271
☐ spend A on ~	1061
☐ stand for ~	1272
☐ start with ~	1273
☐ stay home	1062
☐ stay up late	1063
☐ stay with ~	1274
☐ stop by	1275
☐ such a [an] (形容詞)(名詞)	1064
☐ such as ~	1276
☐ suffer from ~	1277
☐ surf (on) the Internet	1278

T

☐ take A to B	1065
☐ take a break	1279
☐ take a look at ~	1280
☐ take (a) medicine	1281
☐ take a picture	1066
☐ take a rest	1282
☐ take a seat	1283
☐ take a trip	1284
☐ take a walk	1285
☐ take care of ~	1067
☐ take lessons	1068
☐ take off	1069
☐ take off ~	1070
☐ take out ~	1286
☐ take part in ~	1071
☐ talk on the phone	1072
☐ tell A how to do	1073
☐ tell A to do	1074
☐ tell a lie	1287
☐ (比較級) than any other (単数名詞)	1288
☐ than usual	1075

☐ thank A for ~	1289
☐ the other day	1076
☐ these days	1290
☐ think about doing	1077
☐ think of ~	1078
☐ this is one's first time to do	1291
☐ this morning	1079
☐ this way	1292
☐ thousands of ~	1293
☐ throw away ~	1080
☐ ~ times as (形容詞) as A	1294
☐ too (形容詞/副詞) to do	1081
☐ travel to ~	1082
☐ try on ~	1083
☐ turn ~ over	1295
☐ turn down ~	1084
☐ turn left [right]	1085
☐ turn off ~	1086
☐ turn on ~	1087
☐ turn up ~	1088
☐ twice a month [week, day]	1089

U

☐ used to do	1296

V

☐ visit [see] A in the hospital	1090

W

☐ wait for ~	1091
☐ wake up	1092
☐ walk along ~	1093
☐ walk around	1297
☐ want A to do	1094
☐ want to be [become] ~	1095
☐ what to do	1096
☐ when to do	1097
☐ where to do	1098
☐ work well	1099
☐ would love to do	1298
☐ write down ~	1299
☐ write to ~	1300

Y

☐ ~ year(s) old	1100

別冊ワードリストの使い方

本冊の復習テストでわからなかった単語や熟語を書き込んで，
自分だけの単語帳を作ってみましょう！
切り離してお使いいただけますので，電車の中などで覚えるのに最適です。

書き込み例

チェックボックス

品詞と意味を書き込みましょう

単語／熟語	意味	単語／熟語を書こう		
☑□ agree	【動】賛成する	agree	agree	agree
□□ do well	【熟】うまくいく 成功する	do well	do well	do well
□□	【　】	do well	do well	
□□	【　】			
□□	【　】			

本冊で覚えられなかった
単熟語を書き込みましょう

覚えられるまで
繰り返し書きましょう

単語／熟語	意 味	単語／熟語を書こう		
□□	【　】			
□□	【　】			
□□	【　】			
□□	【　】			
□□	【　】			
□□	【　】			
□□	【　】			
□□	【　】			
□□	【　】			
□□	【　】			
□□	【　】			
□□	【　】			
□□	【　】			
□□	【　】			
□□	【　】			

単語／熟語	意 味	単語／熟語を書こう		
□□	【　】			
□□	【　】			
□□	【　】			
□□	【　】			
□□	【　】			
□□	【　】			
□□	【　】			
□□	【　】			
□□	【　】			
□□	【　】			
□□	【　】			
□□	【　】			
□□	【　】			
□□	【　】			
□□	【　】			

単語／熟語	意 味	単語／熟語を書こう		
□□	【　】			
□□	【　】			
□□	【　】			
□□	【　】			
□□	【　】			
□□	【　】			
□□	【　】			
□□	【　】			
□□	【　】			
□□	【　】			
□□	【　】			
□□	【　】			
□□	【　】			
□□	【　】			
□□	【　】			

単語／熟語	意 味	単語／熟語を書こう		
□□	【 】			
□□	【 】			
□□	【 】			
□□	【 】			
□□	【 】			
□□	【 】			
□□	【 】			
□□	【 】			
□□	【 】			
□□	【 】			
□□	【 】			
□□	【 】			
□□	【 】			
□□	【 】			
□□	【 】			

単語／熟語	意味	単語／熟語を書こう		
□□	【　】			
□□	【　】			
□□	【　】			
□□	【　】			
□□	【　】			
□□	【　】			
□□	【　】			
□□	【　】			
□□	【　】			
□□	【　】			
□□	【　】			
□□	【　】			
□□	【　】			
□□	【　】			
□□	【　】			

単語／熟語	意 味	単語／熟語を書こう		
□□	【 】			
□□	【 】			
□□	【 】			
□□	【 】			
□□	【 】			
□□	【 】			
□□	【 】			
□□	【 】			
□□	【 】			
□□	【 】			
□□	【 】			
□□	【 】			
□□	【 】			
□□	【 】			
□□	【 】			

単語／熟語	意 味	単語／熟語を書こう		
□□	【　】			
□□	【　】			
□□	【　】			
□□	【　】			
□□	【　】			
□□	【　】			
□□	【　】			
□□	【　】			
□□	【　】			
□□	【　】			
□□	【　】			
□□	【　】			
□□	【　】			
□□	【　】			
□□	【　】			

単語／熟語	意 味	単語／熟語を書こう		
□□	【　】			
□□	【　】			
□□	【　】			
□□	【　】			
□□	【　】			
□□	【　】			
□□	【　】			
□□	【　】			
□□	【　】			
□□	【　】			
□□	【　】			
□□	【　】			
□□	【　】			
□□	【　】			
□□	【　】			

単語／熟語	意 味	単語／熟語を書こう		
□□	【　】			
□□	【　】			
□□	【　】			
□□	【　】			
□□	【　】			
□□	【　】			
□□	【　】			
□□	【　】			
□□	【　】			
□□	【　】			
□□	【　】			
□□	【　】			
□□	【　】			
□□	【　】			
□□	【　】			

単語／熟語	意 味	単語／熟語を書こう		
□□	【　】			
□□	【　】			
□□	【　】			
□□	【　】			
□□	【　】			
□□	【　】			
□□	【　】			
□□	【　】			
□□	【　】			
□□	【　】			
□□	【　】			
□□	【　】			
□□	【　】			
□□	【　】			
□□	【　】			

単語／熟語	意 味	単語／熟語を書こう		
□□	【　】			
□□	【　】			
□□	【　】			
□□	【　】			
□□	【　】			
□□	【　】			
□□	【　】			
□□	【　】			
□□	【　】			
□□	【　】			
□□	【　】			
□□	【　】			
□□	【　】			
□□	【　】			
□□	【　】			

単語／熟語	意 味	単語／熟語を書こう		
□□	【　】			
□□	【　】			
□□	【　】			
□□	【　】			
□□	【　】			
□□	【　】			
□□	【　】			
□□	【　】			
□□	【　】			
□□	【　】			
□□	【　】			
□□	【　】			
□□	【　】			
□□	【　】			
□□	【　】			

単語／熟語	意 味	単語／熟語を書こう		
□□	【　】			
□□	【　】			
□□	【　】			
□□	【　】			
□□	【　】			
□□	【　】			
□□	【　】			
□□	【　】			
□□	【　】			
□□	【　】			
□□	【　】			
□□	【　】			
□□	【　】			
□□	【　】			
□□	【　】			

単語／熟語	意味	単語／熟語を書こう		
□□	【　】			
□□	【　】			
□□	【　】			
□□	【　】			
□□	【　】			
□□	【　】			
□□	【　】			
□□	【　】			
□□	【　】			
□□	【　】			
□□	【　】			
□□	【　】			
□□	【　】			
□□	【　】			
□□	【　】			

単語／熟語	意 味	単語／熟語を書こう		
□□	【　】			
□□	【　】			
□□	【　】			
□□	【　】			
□□	【　】			
□□	【　】			
□□	【　】			
□□	【　】			
□□	【　】			
□□	【　】			
□□	【　】			
□□	【　】			
□□	【　】			
□□	【　】			
□□	【　】			

単語／熟語	意 味	単語／熟語を書こう		
□□	【　】			
□□	【　】			
□□	【　】			
□□	【　】			
□□	【　】			
□□	【　】			
□□	【　】			
□□	【　】			
□□	【　】			
□□	【　】			
□□	【　】			
□□	【　】			
□□	【　】			
□□	【　】			
□□	【　】			

単語／熟語	意 味	単語／熟語を書こう		
□□	【　】			
□□	【　】			
□□	【　】			
□□	【　】			
□□	【　】			
□□	【　】			
□□	【　】			
□□	【　】			
□□	【　】			
□□	【　】			
□□	【　】			
□□	【　】			
□□	【　】			
□□	【　】			
□□	【　】			

単語／熟語	意 味	単語／熟語を書こう		
□□	【　】			
□□	【　】			
□□	【　】			
□□	【　】			
□□	【　】			
□□	【　】			
□□	【　】			
□□	【　】			
□□	【　】			
□□	【　】			
□□	【　】			
□□	【　】			
□□	【　】			
□□	【　】			
□□	【　】			

単語／熟語	意味	単語／熟語を書こう		
□□	【　】			
□□	【　】			
□□	【　】			
□□	【　】			
□□	【　】			
□□	【　】			
□□	【　】			
□□	【　】			
□□	【　】			
□□	【　】			
□□	【　】			
□□	【　】			
□□	【　】			
□□	【　】			
□□	【　】			

単語／熟語	意 味	単語／熟語を書こう		
□□	【　】			
□□	【　】			
□□	【　】			
□□	【　】			
□□	【　】			
□□	【　】			
□□	【　】			
□□	【　】			
□□	【　】			
□□	【　】			
□□	【　】			
□□	【　】			
□□	【　】			
□□	【　】			
□□	【　】			

単語／熟語	意 味	単語／熟語を書こう		
□□	【　】			
□□	【　】			
□□	【　】			
□□	【　】			
□□	【　】			
□□	【　】			
□□	【　】			
□□	【　】			
□□	【　】			
□□	【　】			
□□	【　】			
□□	【　】			
□□	【　】			
□□	【　】			
□□	【　】			

単語／熟語	意 味	単語／熟語を書こう		
□□	【　】			
□□	【　】			
□□	【　】			
□□	【　】			
□□	【　】			
□□	【　】			
□□	【　】			
□□	【　】			
□□	【　】			
□□	【　】			
□□	【　】			
□□	【　】			
□□	【　】			
□□	【　】			
□□	【　】			

単語／熟語	意 味	単語／熟語を書こう		
□□	【　】			
□□	【　】			
□□	【　】			
□□	【　】			
□□	【　】			
□□	【　】			
□□	【　】			
□□	【　】			
□□	【　】			
□□	【　】			
□□	【　】			
□□	【　】			
□□	【　】			
□□	【　】			
□□	【　】			

単語／熟語	意 味	単語／熟語を書こう		
□□	【　】			
□□	【　】			
□□	【　】			
□□	【　】			
□□	【　】			
□□	【　】			
□□	【　】			
□□	【　】			
□□	【　】			
□□	【　】			
□□	【　】			
□□	【　】			
□□	【　】			
□□	【　】			
□□	【　】			

単語／熟語	意 味	単語／熟語を書こう		
□□	【　】			
□□	【　】			
□□	【　】			
□□	【　】			
□□	【　】			
□□	【　】			
□□	【　】			
□□	【　】			
□□	【　】			
□□	【　】			
□□	【　】			
□□	【　】			
□□	【　】			
□□	【　】			
□□	【　】			

単語／熟語	意 味	単語／熟語を書こう		
□□	【　】			
□□	【　】			
□□	【　】			
□□	【　】			
□□	【　】			
□□	【　】			
□□	【　】			
□□	【　】			
□□	【　】			
□□	【　】			
□□	【　】			
□□	【　】			
□□	【　】			
□□	【　】			
□□	【　】			

単語／熟語	意 味	単語／熟語を書こう		
□□	【　】			
□□	【　】			
□□	【　】			
□□	【　】			
□□	【　】			
□□	【　】			
□□	【　】			
□□	【　】			
□□	【　】			
□□	【　】			
□□	【　】			
□□	【　】			
□□	【　】			
□□	【　】			
□□	【　】			

単語／熟語	意 味	単語／熟語を書こう		
□□	【　】			
□□	【　】			
□□	【　】			
□□	【　】			
□□	【　】			
□□	【　】			
□□	【　】			
□□	【　】			
□□	【　】			
□□	【　】			
□□	【　】			
□□	【　】			
□□	【　】			
□□	【　】			
□□	【　】			

単語／熟語	意 味	単語／熟語を書こう		
□□	【　】			
□□	【　】			
□□	【　】			
□□	【　】			
□□	【　】			
□□	【　】			
□□	【　】			
□□	【　】			
□□	【　】			
□□	【　】			
□□	【　】			
□□	【　】			
□□	【　】			
□□	【　】			
□□	【　】			

単語／熟語	意 味	単語／熟語を書こう		
□□	【　】			
□□	【　】			
□□	【　】			
□□	【　】			
□□	【　】			
□□	【　】			
□□	【　】			
□□	【　】			
□□	【　】			
□□	【　】			
□□	【　】			
□□	【　】			
□□	【　】			
□□	【　】			
□□	【　】			

単語／熟語	意味	単語／熟語を書こう		
□□	【　】			
□□	【　】			
□□	【　】			
□□	【　】			
□□	【　】			
□□	【　】			
□□	【　】			
□□	【　】			
□□	【　】			
□□	【　】			
□□	【　】			
□□	【　】			
□□	【　】			
□□	【　】			
□□	【　】			